KB119612

적을 만들지 않고 이기는
말하기 기술

쇼펜하우어의 나를 지키는 논쟁적 토론술

적을 만들지 않고 이기는
말하기 기술

**현실주의 철학자 아르투어 쇼펜하우어가 알려주는
갈등의 논쟁을 넘어 건강한 소통에 이르는 법**

김은성 지음

원앤원북스

나를 지키고 관계를 해치지 않는 기술

"그것 봐, 내 말이 맞잖아?"

아르투어 쇼펜하우어(Arthur Schopenhauer)가 환생해 지금의 대한민국에 와서 토론하는 모습을 보면 이런 말을 할 것 같다. 그러곤 "좀 심한데?"라고 말할 것도 같다.

미디어는 다양한 의견을 수렴하는 공론장의 역할을 하지 못하고 정파의 의견만 강화하고 있다. 정치인들의 토론을 보면 국민을 위한 것인지 자신을 위한 것인지 헷갈린다.

상대를 존중하는 토론이 아닌 상대의 약점과 치부를 밝히고자 하는 사술(詐術, 사악한 기술)이 난무한다. 이 책 『적을 만들지 않고 이기는 말하기 기술』에 담긴 서른여덟 가지 토론의 기술, 심지어 변형된 기술까지 사용하고 있다.

일상 대화도 별반 다르지 않다. 깊은 대화를 하기보다 자랑하기 위해, 감정을 해소하기 위해, 자신의 의견을 관철시키기 위해 일방적인 대화를 하고 있지 않는가?

소통과 협상 그리고 대화를 잃어가고 있는 시기, 쇼펜하우어의 『토론의 법칙』은 그래서 역설적으로 필요하다. 일상에서 사용하는 사악한 말하기 기술들을 알고 성찰하며 상대가 공격할 때 방어하고자 필요하다.

쇼펜하우어가 매력적인 건 인간 탐구에 관한 독특한 시각에 있다. 많은 철학자가 거대 담론에 집중했다면 쇼펜하우어는 고통, 불행, 의지에 끌려다니는 나약한 인간에 관심을 가졌다.

우리는 많은 걸 갈망하지만 채워지지 않는 굴레에 있으므로 불행하다. 불행은 우리 삶의 근본인 것이다. 그래서 쇼펜하우어의 말처럼 인생은 고통이고 세계는 최악이다.

의지에 사로잡힌 인간은 지적 허영심이 있고 토론할 때 진리를 찾는 게 아니라 이기고자 하는 욕망에 사로잡힌다. 그리고 지적 무능력은 결국 도덕적 사악함으로 연결된다.

쇼펜하우어는 말한다. "상대의 답변에서 완고함이 느껴진다면 즉시 대화를 그만둬야 한다. 그는 곧 부정직해질 것이고 사술을 사용할 것이기 때문이다."라고 말이다.

수준이 맞지 않는 사람과는 토론하면 안 되며 상대가 완고해진다면 한 발 물러서는 게 지혜로울 수 있다.

쇼펜하우어는 자기 주장을 쉽게 포기하지 말았으면 한다는 의견도 제시한다. 상대가 완고하고 또 사술을 쓰더라도 나의 주장을 지켜야 한다고 말이다.

자신을 지킬 수 없다는 걸 잘 알면서도 지원군이 도착하길 바라는 마음으로 진지를 수호할 걸 권유한다. 자신을 방어하는 사이 다른 근거가 떠오를 수도 있기 때문이다. 내가 진실이라고 믿는 주장에 불성실하지 않게 최선을 다하는 것도 필요하다.

이 책 『적을 만들지 않고 이기는 말하기 기술』은 '삼성 SERI CEO'에서 네 번에 걸쳐 강의한 내용을 중심으로 집필한 결과물이다. 대학교 때 만난 쇼펜하우어를 커뮤니케이션 박사로서 다시 만나 탐구하니 새로운 자극과 큰 울림이 있었다.

그는 인간의 나약함, 즉 맹목적 의지에 끌려다니며 결코 행복할 수 없는 인간의 모습을 인정하라고 말한다. 나의 만족스럽지 못한 모습을 있는 그대로 인정하라는 것이다.

그리고 인간 본성상 상대는 사술을 사용할 거라는 사실을 인지하라고 조언한다. 그가 인간관계를 '고슴도치의 가시'라고 표현한 것처럼 너무 멀지도 또 너무 가깝지도 않게 거리를 두라는 것이다. 또한 상대가 사술을 걸어올 때 그가 알려준 서른여덟 가지 기술을 거울삼아 방어하라는 것이다.

결국 이 책은 '나를 지키는 기술'을 알려준다. 쇼펜하우어가 말한 서른여덟 가지 토론 기술의 의미를 지금의 관점으로 해석, 설명하고 나아가 나를 지키기 위해 무엇을 어떻게 해야 하는지 커뮤니케이션 박사로서의 시각을 담았다.

책의 제목을 『적을 만들지 않고 이기는 말하기 기술』이라고 정한 데는 나름의 이유가 있다. 나를 지키는 것에서 더 나아가 상대와의 관계를 지키는 게 결국 '이기는' 거라는 생각 때문이다. '이긴다'라는 동사는 우위를 차지한다는 의미도 담고 있지만 '감정이나 욕망을 억누르고 고난을 참고 견디다'라는 뜻도 담고 있다.

나를 적절히 방어하며 상대와의 관계도 해치지 않는 게 진정으로 '이기는' 길이다. 사술을 막무가내로 사용하라는 게 아니라 지혜롭게 활용하라고 말하고 싶다. 아무쪼록 내가 상처받지 않기 위해 나를 지키는 기술을 꼭 살펴보길 바란다.

광화문에서
김은성

차례

2부 토론은 정신으로 하는 검술이다
_『토론의 법칙』해설

1장 강하게 공격하는 말하기 기술

2장 더 강하게 반격하는 말하기 기술

3장 결론을 이끌어내는 말하기 기술

4장 위기에서 탈출하는 말하기 기술

3부 사술에 당하지 않으려면

_『토론의 법칙』핵심기술 정리

1장 '38가지 토론의 법칙' 핵심기술

2장 사술에 당하지 않기 위한 기본 능력

4부 나를 지키는 말하기 기술
_『토론의 법칙』대응법

5부 갈등의 논쟁을 넘어 건강한 토론까지
_Beyond 쇼펜하우어

나오며

1부

인생은 고통이고
세계는 최악이다

_쇼펜하우어의 철학

인생은 고통이고
세계는 최악인가

쇼펜하우어의 인생 정리

'인생은 고통이고 세계는 최악이다'는 아르투어 쇼펜하우어의 사상과 철학을 극명하게 보여주는 말이다. 그는 인생은 고통의 연속이며 세계는 신이 만들어낼 수 있는 최악의 것이라고 말하고 있다.

쇼펜하우어는 반이성주의자이자 염세주의자다. 이 표현이 그의 철학과 사상을 가장 잘 나타낸다고 생각한다. 그의 일생을 살피다 보면 그가 왜 이런 생각을 했는지 유추할 수 있다.

그가 내놓은 『토론의 법칙』도 그의 일생과 철학을 기반으로 한 것으로 차차 살펴보겠지만 일반적으로 생각하는 합리적이고 이성적인

적을 만들지 않고 이기는 말하기 기술

토론술이 아니다. 상대에게 지지 않기 위해 사악한 방법까지 동원하는 기술을 알려준다.

『토론의 법칙』은 『Der handschriftliche Nachlass』라는 쇼펜하우어의 유고집 중 일부를 율리우스 프라우엔슈타트가 편집해 출간한 책이다. 이후 세계 각국에서 『토론의 법칙』 『논쟁적 변증술』 『경험적 논쟁술』 등의 다양한 이름으로 번역 출판했다.

쇼펜하우어는 1788년 폴란드-리투아니아의 단치히에서 고지식한 사업가 아버지와 호탕한 성격의 여류 문인 어머니 사이에서 태어났다. 그리 화목하지 못한 가정환경 속에서 아버지의 영향을 더 받아 우울하고 내성적인 성향을 가진 것으로 전해진다.

1793년 단치히가 프로이센 왕국에 합병되면서 가족 전체가 위기를 맞는다. 아버지의 사업이 어그러져 재산이 몰수되는 등 여러 문제가 발생하며 함부르크로 이주할 수밖에 없었던 것이다.

한편 쇼펜하우어와 관련된 가십을 말할 때면 그가 기르던 반려견의 이름이 헤겔이었고 그의 침대에는 늘 권총이 있었다는 게 항상 따라붙는다. 그의 우울하고 신경질적인 모습을 보여주는 단면이라 할 수 있는데 그의 반려견 이름이 헤겔이었다는 기록은 없다.

그럼에도 확실한 건 그는 게오르크 빌헬름 프리드리히 헤겔(Georg Wilhelm Friedrich Hegel)을 너무 싫어했다는 사실이다. 그도 그럴 것이 단치히를 병합한 프로이센 왕국의 정신적 지주가 다름 아닌 헤겔이었기 때문이다.

물론 이성을 신봉하는 헤겔을 이성을 신뢰하지 않는 쇼펜하우어 입장에선 견제할 수밖에 없었을 것이다. 그리고 시샘이 많았던 쇼펜하우어는 당대 최고의 대철학자인 헤겔을 이기고 싶었을 것이다.

쇼펜하우어의 아버지는 아들이 가업을 이어 사업가가 되길 원했다. 하지만 그는 '세상'을 알고 싶어 했고 의학과 철학에 관심을 보였다. 그래서 아버지는 그를 설득하고자 제안 하나를 내민다. "초호화 유럽 여행을 같이하자. 단 조건은 사업가의 길을 가는 거다."라고 말이다. 하여 1803년부터 2년간 온 가족이 유럽 여행을 떠난다.

그때의 여행 기록을 들여다보면 그가 세상을 얼마나 우울하게 봤는지 알 수 있다. 어머니는 유럽 곳곳의 아름다운 모습과 풍광에 대한 기록과 스케치를 남긴 반면 쇼펜하우어는 노동자들의 어두운 삶과 도시의 어두운 부분에 대한 기록을 남겼다.

하지만 쇼펜하우어를 사업가의 길로 이끌고자 마련한 여행에서의 다양한 경험이 오히려 그로 하여금 인간과 삶에 관한 철학적 관심을 갖도록 만들었고, 특히 염세주의적 사상이 시작되는 결정적인 계기로 작용했다.

프랑스 해변의 무기 공장에서 노예들이 갤리선 작업대의 쇠사슬에 묶여 힘들게 일하는 모습, 걸인들이 잔뜩 몰려다니는 런던 빈민가의 모습, 죄수들이 공개 처형당하는 모습, 채찍으로 얻어맞는 군인들의 모습, 전쟁이 터진다며 정신을 잃고 뛰어다니는 사람들의 모습 등 여행 중에 그가 목격한 삶의 비참함과 그 때문에 받은 충격은 출가

전의 고타마 싯다르타(Gautama Siddhartha, 석가모니)가 궁궐 밖에서 처음으로 생로병사의 현실을 목격했을 때 받은 충격과 동일한 정도였다.

프랑스 혁명 이후의 참혹한 현실과 개개인의 비참한 삶을 목격하면서 쇼펜하우어는 '삶이란 무엇인가'라는 강한 의문을 가졌고, 그 시기에 그의 철학적 사유가 시작되었다.

유럽 여행 이후 쇼펜하우어는 아버지의 바람대로 상인 수업을 충실하게 이어가지만, 열일곱 살 되던 해인 1805년 아버지가 자살로 추정되는 갑작스러운 죽음을 맞이한다. 그는 큰 충격에 휩싸인다.

자연스레 가업은 정리되고 그는 김나지움(유럽의 중등 교육 기관)에 입학한다. 김나지움 졸업 후 1809년에 괴팅겐대학교 의학부로 진학하지만 이듬해 철학부로 옮긴다. 그곳에서 스승 고틀로프 에른스트 슐체(Gottlob Ernst Schulze)를 만나 플라톤(Plato)과 임마누엘 칸트(Immanuel Kant)의 철학에 깊이 몰두한다.

2년 후 쇼펜하우어는 철학을 더욱 본격적으로 연구하고자 당시 독일 철학의 중심지였던 베를린대학교로 진학한다. 그곳에서 고전 문학과 과학의 여러 분야를 두루 섭렵하는 한편 요한 고틀리프 피히테(Johann Gottlieb Fichte)와 프리드리히 슐라이어마허(Friedrich Schleiermacher) 같은 철학 거물의 강의를 열성적으로 수강한다.

하지만 피히테의 애매함과 슐라이어마허의 종교 지상주의는 그에게 실망감을 안겨준다. 결국 1813년 자신의 노력으로 예나대학교에서 박사학위를 받는다.

한편 그는 어머니와의 갈등이 매우 심했던 것으로 전해진다. 아버지의 우울한 삶을 방조한 것에 대한 분노였다. 또한 내성적이었던 아버지와 다르게 어머니는 활발하게 사회 활동을 하며 살롱을 차렸으니 많은 사람과의 교류를 못마땅하게 여긴 것으로 보인다.

하지만 쇼펜하우어는 다름 아닌 어머니가 차린 살롱에서 요한 볼프강 폰 괴테(Johann Wolfgang von Goethe)를 만나 철학적 담론을 나눴다. 또 그곳에서 괴테뿐만 아니라 수많은 명인을 만났고 인도 철학까지 공부할 수 있었다.

그리고 1819년 명저 『의지와 표상으로서의 세계』를 완성한다. 그는 이 책이 세상을 놀라게 할 거라고 확신했다. 하지만 세상은 그와 그의 책을 전혀 주목하지 않았다. 그의 철학을 철저히 외면했다.

1820년 베를린대학교에 사강사로 취임한다. 독일 대학교의 '사강사'는 강사료나 보수를 받지 않고 강의를 전담하는 '무급 비전임강사'를 뜻한다. 쇼펜하우어는 철학을 생계 수단으로 삼는 직업 철학자(당시의 철학 교수)를 다음과 같이 비난한다.

"돈벌이와 지위 획득을 노리고 철학을 권력자의 요구 사항대로 변형해 이용하는 건 허기와 갈등을 해소하고자 성찬식의 빵과 포도주를 받아먹는 것과 다르지 않다."라고 말이다.

사강사가 된 후 차분히 경력을 쌓으면 될 것을 당돌하게도 대철학자 헤겔과 같은 시간대의 철학 강의를 개설한다. 그는 헤겔을 이기리라 확신했지만 이기긴커녕 수강생이 적어 폐강하고 만다.

아마도 정교수이자 대철학자인 헤겔은 초보 강사인 쇼펜하우어가 호기롭게 자신과 같은 시간대에 철학 강의를 개설했는지도 몰랐을 것이다. 쇼펜하우어는 혼자 시샘하고 혼자 좌절하고 혼자 우울했던 것 같다.

3년 넘게 방황한 쇼펜하우어는 1825년 다시 베를린에 거주하며 자신의 철학이 인정받길 기대했지만 그러지 못했다. 1831년 콜레라가 퍼진 시점에 프랑크푸르트로 피신한 후 30년 넘게 하숙방 생활을 한 것이다. 그중 태반은 반려견 아트만과 함께였다.

그는 거의 매일 규칙적인 생활을 한 것으로 유명했는데, 프랑크푸르트에서의 그의 규칙적인 일과는 다음과 같이 정리할 수 있다.

아침 일곱 시에 기상해 냉수 목욕을 하고 옷을 입은 후 직접 끓인 커피를 마신다. 온전한 집중력으로 오전 내내 위대한 저서들을 읽으며 집필에 몰두한다. 정오가 되면 30분가량 플루트를 연주한다. 연미복과 넥타이 차림으로 평소와 똑같은 고급 식당에서 점심 식사를 한다. 집으로 돌아와 한 시간 정도 낮잠을 청하고 일어나 두 시간 정도 독서를 한다. 해질녘이 가까워지면 아트만을 데리고 마인강가를 산책한다. 산책 후에는 가벼운 잡지들을 훑고 다시 외출해 연주회장에서 음악을 감상하거나 극장에서 연극을 관람한다. 식당에서 지인들과 대화를 나누면서 저녁 식사를 마치고 집으로 돌아와 침대 머리맡의 『우파니샤드』를 읽으며 잠자리에 든다.

프랑크푸르트로 피신한 1831년은 그가 『토론의 법칙』을 쓴 해이기도 하다. 자신의 철학이 빛을 보지 못하고 헤겔에 밀려 고독하게 생활하는 와중에 이 책을 쓴 것이다.

그러던 1851년에 처세 철학서인 『부록과 보유』를 출간해 뜻밖의 주목을 받는다. 철학서로 주목을 받지 못해 자기계발서 느낌으로 출간했는데 큰 반향을 불러일으킨 것이었다. 이후 그의 저서들이 소위 역주행해 그토록 원했던 재평가가 이뤄진다. 그의 고단하고 우울하고 시샘하는 삶의 모습들이 고스란히 철학에 담겨 있었다.

적을 만들지 않고 이기는 말하기 기술

의지와 표상으로서의 세계에서

쇼펜하우어의 철학 배경

쇼펜하우어가 살던 19세기 초중반의 유럽에선 다양한 정치적, 사회적 변화가 일어났다. 그의 철학은 그러한 시대적 배경과 밀접하게 관련되어 있다.

정치적 상황을 보면, 쇼펜하우어가 어린 시절을 보낸 18세기 후반부터 19세기 초반까지 유럽은 나폴레옹 전쟁으로 혼란스러웠다. 나폴레옹 보나파르트(Napoleon Bonaparte)의 침략과 정복 활동이 유럽 전역에 큰 영향을 미쳤기에 많은 국가가 정치적, 경제적 불안정을 겪을 수밖에 없었다. 나폴레옹 몰락 후 1815년 빈 회의가 열리며 유럽의 정치 지형이 재편성되었다. 이 회의는 유럽 각국의 국경을 다시 설정하고 보수적 복고주의 체제를 강화하는 데 초점을 맞췄는데, 자유주의와 민족주의 운동이 활발해지면서 절대 군주제에 반대하고 개인의 자유와 국민의 자결권을 주장했다. 독일을 포함한 여러 국가의 정치적 긴장으로 이어졌다.

사회적 상황을 보면, 영국을 중심으로 시작된 산업 혁명이 19세기 전반에 걸쳐 유럽 전역으로 확산되었다. 경제 구조를 크게 변화시켰으며 도시화와 노동 계급의 형성을 촉진했다. 동시에 노동 조건의 악화와 사회적 불평등이 심화되었다. 18세기 계몽주의는 이성과 과학을 강조하며 사회 개혁을 촉진했으나 19세기 초에는 계몽주의의 반동으로 낭만주의가 등장했다. 쇼펜하우어의 철학도 낭만주의적 경향과 연결된다고 볼 수 있다.

철학적 상황을 보면, 쇼펜하우어가 활동하던 시기에는 독일 관념론이 주류 철학이었다. 칸트, 피히테, 헤겔 등이 대표적으로 이들은 이성과 절대정신을 강조하며 철학으로 인간과 세계의 본질을 탐구했다. 특히 칸트의 비판 철학은 당대 철학계에 큰 영향을 미쳤다. 쇼펜하우어는 칸트의 사상을 비판적으로 수용해 자신의 철학 체계를 구축했다고 볼 수 있다.

쇼펜하우어의 개인적 환경을 보면, 앞서 언급한 것처럼 그는 상인 집안에서 태어나 경제적으로 안정된 환경에서 자랐지만 그리 화목하진 않았다. 특히 아버지가 돌아가신 후 어머니와의 관계가 크게 틀

적을 만들지 않고 이기는 말하기 기술

어졌다. 많은 학자가 말하길 이러한 가정 환경이 그의 비관적인 세계관 형성에 크게 영향을 미쳤다고 한다.

쇼펜하우어의 학문적 환경을 보면, 괴팅겐대학교와 베를린대학교에서 철학을 공부하며 플라톤, 칸트, 피히테 등의 철학자들을 접했다. 그는 독자적인 철학을 발전시키고자 대학 교육을 이용했는데 특히 동양 철학, 그중에서도 힌두교와 불교 사상에 많은 영향을 받았다. 그는 브라만과 아트만, 윤회와 업보 등의 개념을 자신의 철학에 접목했고 삶의 고통과 해탈에 대한 동양 철학의 접근 방식을 깊이 연구했다. 또 이성과 합리성을 강조하는 계몽주의의 반동으로 나타난 낭만주의에 영향을 받았다. 낭만주의는 감정, 상상력, 개인의 주관적 경험을 중시했는데 쇼펜하우어의 철학적 접근과 일치하는 부분이 있다.

쇼펜하우어는 고립적이고 비관적이었다. 이러한 특성은 그의 철학적 작업에 직접적으로 영향을 미쳤다. 그는 인간의 본성에 대해 깊이 숙고하며 삶의 고통과 무의미함을 철학적으로 탐구했다.

그렇게 쇼펜하우어만의 독특한 철학 체계가 탄생했다. 그의 철학은 당시 유럽 사상계에 큰 충격을 던졌으며 후대 철학과 예술에 깊은 영향을 미쳤다.

쇼펜하우어는 상기한 시대적 배경 속에서 인간의 본성과 고통, 의지에 대한 깊은 성찰로 독특한 철학을 제시했다. 그는 당시의 낙관적이고 진보적인 사조와 달리 인간 존재의 근본적인 고통과 비극을 강조하며 의지를 중심으로 한 비관주의 철학을 발전시켰다.

중세의 암흑기를 거쳐 르네 데카르트(René Descartes)와 바뤼흐 스피노자(Baruch Spinoza), 고트프리트 빌헬름 폰 라이프니츠(Gottfried Wilhelm von Leibniz)의 합리론과 데이비드 흄(David Hume), 프랜시스 베이컨(Francis Bacon)의 경험론이 칸트의 철학으로 수렴된다. 이성의 힘을 믿는 흐름이었다. 이후 절대정신과 정반합으로 대표되는 헤겔이 이어받는다.

쇼펜하우어는 칸트의 철학을 받아들였지만 이성의 힘을 믿진 않았다. 이성을 맹목적인 의지에 끌려다니는 나약한 존재로 봤다. 다른 철학들이 인식론, 형이상학 등 체계와 현상 설명에 집중한 반면 그의 철학은 삶의 근본적인 문제에 집중했다. 왜 인생은 고통스러우며 왜 인간은 늘 욕망에 끌려다니는지에 대한 물음이었다.

쇼펜하우어의 철학은 실존주의 철학의 대가이자 기존 철학 체계를 무너뜨린 프리드리히 니체(Friedrich Nietzsche)로 이어졌고 무의식의 세계를 강조한 지그문트 프로이트(Sigmund Freud), 심지어 유물론의 카를 마르크스(Karl Marx)에게까지 가닿았다. 니체가 서점에 갔을 때 어떤 정령이 쇼펜하우어의 책으로 이끌었으며 정해진 시간에 성경을 보듯 정독했다는 일화는 유명하다.

쇼펜하우어 철학의 핵심은 『의지와 표상으로서의 세계』에 잘 나타나 있다. 이 책의 첫 문장은 다음과 같다. '세계는 나의 표상이다.' 인간은 사물이 나타내는 현상만 인식할 뿐 사물 자체는 알 수 없다. 우리를 에워싼 세계는 오직 나의 표상으로서만 존재하는 것이다.

핵심 내용을 요약하면 다음과 같다.

1. 표상으로서의 세계

현상계와 주관성: 쇼펜하우어는 칸트의 영향을 받아 우리가 인식하는 모든 게 주관적인 표상이라고 주장한다. 즉 우리가 경험하는 세계는 우리의 지각과 인식이 형성한 주관적인 현상계다. 이 세계는 시간, 공간, 인과성의 틀에서 이해된다.

주체와 객체: 세계는 주체(인식하는 자)와 객체(인식되는 것)의 이분법으로 구성된다. 우리의 인식은 주체와 객체의 상호작용으로 이뤄지며 세계는 표상으로서 존재한다.

2. 의지로서의 세계

의지의 본질: 세계의 본질적인 근원은 의지다. 의지는 맹목적이고 비합리적인 힘으로 모든 생명체와 자연 현상에서 나타난다. 인간의 행위와 욕망, 자연의 모든 과정은 의지의 표현이다.

고통과 충족되지 않는 욕망: 의지는 끊임없이 원하고 갈망하지만 완전히 충족되지 않기 때문에 고통을 초래한다. 쇼펜하우어는 충족되지 않는 욕망 때문에 인간의 삶은 본질적으로 고통스럽다고 주장한다.

3. 예술과 해탈

예술의 역할: 쇼펜하우어는 예술로 의지의 고통에서 벗어날 수 있다고 봤다. 특히 음악은 의지의 직접적인 표현으로 인간을 의지의 지배에서 일시적으로나마 해방시킬 수 있다. 다른 예술 형식들도 인간이 일상적인 욕망과 고통을 초월하게 도와준다.

해탈과 금욕: 쇼펜하우어는 고통에서 벗어나기 위한 방법으로 금욕적인 삶과 자기 부정을 제안한다. 의지의 충동을 억제하고 욕망을 최소화함으로써 고통에서 해방될 수 있다고 주장한다.

쇼펜하우어 철학의 핵심을 정리해보자. 세계는 이성적이거나 합리적이지 않으며 비합리적이고 맹목적인 의지에 끌려다닌다. 이성도 결국 의지에 끌려다니는 것이다.

표상은 우리가 경험하는 세상이다. 우리가 세상을 인식하는 방식은 표상으로 이뤄진다. 즉 우리의 인식, 생각, 감각으로 형성되는 세계의 이미지나 모습이 표상인 것이다. 따라서 표상은 개인의 경험과 관점에 따라 달라진다.

의지는 세계의 근본적인 본질이다. 물리적 현상 뒤에 숨어있는 원동력이자 에너지다. 의지는 무한하며 변하지 않는다. 인간도 결국 의지대로 움직이는 것이다.

그런데 의지는 불행의 근원이다. 우리는 계속해서 원하고 또 얻고자 노력하지만 결국 만족하지 못하고 다른 걸 원한다. 끝없는 욕구의 순환이 고통의 원인이다. 인간의 의지는 무한한데 비해 충족하는 데는 많은 제약이 따르기 마련이다.

어떤 욕망이든 채워지고 나면 즉시 새로운 욕망이 생기고 고통에서 벗어났다 싶으면 곧바로 새로운 불행이 찾아온다. 고통이야말로 삶의 본래 모습이며 쾌락이나 행복은 고통이 없어졌을 때 잠깐 찾아오는 소극적인 것이다. 즉 고통의 부재에 지나지 않는다. 그렇기에 인생은 고통이고 세계는 최악인 것이다.

이와 같은 철학적 기반 하에서 그는 인간을 설명한다. "대부분의 경우 타고난 허영심에다가 수다스러움과 태생적인 부정직함까지 갖고 있다. 그들은 생각도 하지 않은 채 말을 한다. 나중에야 자신들의 주장이 틀렸으며 자신들이 옳지 못했다는 사실을 깨닫고서도 반대인 것처럼 보이게 하려 한다. 나름대로 참된 명제를 제시할 때 유일한 동기가 되었던 진리에 대한 관심이 허영심에 대한 관심에 자리를 양보하고 만다. 즉 참된 것은 거짓으로 보여야 하고 거짓된 것은 참으로 보여야 하는 것이다."

결국 인간은 사악하고 허영심이 많으며 수다스럽고 심지어 솔직하지도 못하다. 거기에 지적 허영심까지 있어 타인과 비교해 지적 능력이 떨어진다고 판단하면 큰 분노를 느낀다. 따라서 수준이 맞지 않는 사람과 합리적 토론을 하는 건 거의 불가능하다고 말한다.

결국 개싸움이 될 수밖에 없기에 아예 말을 섞지 않는 게 필요할 때도 있다. 하지만 상대가 싸움을 걸어오면 사술에 당하지 않아야 할 테니 토론의 기술을 익혀둘 필요가 있다.

결국 인간은 본질적으로 고통과 욕망의 순환 속에서 살아가는 존재로 사회적 상호작용에서 많은 한계와 제약을 겪는다는 것이다.

첫째, 사람들이 타고난 허영심과 수다스러움, 그리고 태생적인 부정직함을 지닌다고 주장한다. 이러한 특성은 인간으로 하여금 진리나 명예보다 자기 자신을 위한 이익을 우선시하게 한다.

둘째, 쇼펜하우어는 인간의 지적 허영심과 무식함 사이의 갈등을 강조한다. 그는 사람들이 자신의 무식을 인정하지 않고 자신이 잘못했거나 틀렸다는 사실을 받아들이기 꺼리며 그에 대한 자각을 늦추려는 경향이 있다고 비판한다.

셋째, 쇼펜하우어 철학은 합리적 토론의 어려움을 강조한다. 인간의 허영심과 갈등을 극복하지 못하니 합리적 토론이 거의 불가능하다는 것이다. 그는 타인과의 합리적이고 진지한 토론이 실질적으로 불가능하다고 보며 그렇기에 종종 말을 섞지 않는 게 필요하다고 말한다.

쇼펜하우어 철학은 인간의 본질을 감정과 욕구에 근거해 깊이 있게 탐구한다. 그의 철학은 개인적 고통과 사회적 갈등을 이해하려는 시도로 볼 수 있으며 그의 대표 저서 『의지와 표상으로서의 세계』에 잘 나타나 있다.

논쟁에서 이기는 정신적 검술

쇼펜하우어의 논쟁적 토론술

'논리학'은 희랍어 어원으로 '숙고하다, 계산하다'의 뜻이고 '토론술'은 '담판 짓다'의 의미를 지닌다.

고대인들은 논리학과 토론술을 동의어로 사용했지만 쇼펜하우어는 이의를 제기한다. 논리학은 사고의 규칙이자 이성의 방식이고 순수하고 선험적인 것이다. 반면 토론술은 논쟁의 기술이자 정신적 싸움이다. 순수한 이성을 가진 사람은 의견 일치를 보지만 인간은 다르므로 일치할 수 없다. 의견이 일치하지 않을 땐 자신의 의견을 수정하지 않고 상대에게 잘못을 돌린다.

결국 인간은 자신이 항상 옳다는 속성을 가진다. 만약 인간이 정직하다면 모든 토론에서 진실만을 탐구할 것이다. 하지만 인간은 타고난 사악함을 지니고 있어 논쟁과 말싸움으로 이어기 마련이다. 또한 타고난 허영심이 지적 능력과 연관되면 민감하게 반응한다. 결국 논쟁을 벌이는 사람은 진리가 아니라 자신의 주장을 위해 싸운다.

객관적 진리를 밝히는 것과 자신의 주장을 상대에게 진리로 수용하게 만드는 것 중 인간은 당연히 후자를 택한다. 결국 합리적인 토론은 거의 불가능하며 상대의 공격을 방어하기 위해 또 무너지지 않기 위해 토론술이 필요한 것이다.

쇼펜하우어는 토론술에 있어 객관적인 진리를 고려할 필요가 없다고 주장한다. 진리는 깊은 곳에 숨어있고 토론 중에는 무엇이 진리인지 알 수 없기 때문이다. 그래서 자신이 옳다고 믿다가도 논쟁을 벌이다 보면 흔들리며 진리 추구가 아닌 논쟁에서 이기는 것에만 집중하는 것이다.

결국 토론은 정신으로 하는 검술이다. 논쟁을 정신적인 검술로 보는 이유는 토론이 단순한 의견 교환이 아니라 지적 경쟁과 전략적 싸움으로 보기 때문이다. 이 과정에서 상대의 논리를 무너뜨리고 자신의 입장을 강하게 유지하는 게 중요하다.

쇼펜하우어의 이 비유는 토론이 단순히 이성적 논증으로 진리를 찾는 과정이 아니라 전략과 전술로 승리를 추구하는 과정일 수 있음을 보여준다. 그가 인간의 본성과 사회적 상호작용에 갖고 있던 현실주의적 관점을 반영한다. 이 비유는 여러 가지 측면에서 토론의 성격을 잘 설명한다.

검술에서처럼 토론에서도 전략과 전술이 중요하다. 논리적인 주장을 펼치는 것뿐만 아니라 상대의 논리를 반박하고 허점을 공략하는 능력도 필요하다.

검술은 기술과 숙련도를 필요로 하며 반복적인 연습과 경험으로 능력이 향상된다. 토론도 마찬가지로 논리적 사고력, 표현력, 즉흥적 대응력 등이 필요하다. 이를 통해 더 나은 토론자가 될 수 있다. 더 낫다는 의미는 승리한다는 걸 의미할 것이다.

검술 시합은 상대와의 대결로 승부를 가리는 과정이다. 토론도 논쟁 상대와의 지적 대결로 의견의 우열을 가리는 과정이다. 검술에선 상대의 움직임에 주의를 기울이고 순간적인 반응이 중요하다. 토론에서도 상대의 논점과 반박에 집중하고 적절한 시점에 반응하는 게 핵심이다.

검술의 목표는 상대를 제압하는 것이다. 토론의 목표는 다양한 경우가 있지만, 주로 자신의 주장을 설득력 있게 전달하고 상대의 논리를 무너뜨리는 데 있다. 좋은 의견을 찾아가는 과정이 아닌 상대를 이기는 과정이라는 것이다.

'토론은 정신으로 하는 검술'이라는 표현은 토론이 단순히 의견을 나누는 활동이 아니라 기술과 전략, 집중력과 주의가 필요한 지적 경쟁임을 나타낸다. 이 표현은 토론의 복잡성과 도전성을 잘 나타내며 토론에서 성공하고자 다양한 능력들이 필요하다는 걸 보여준다. 결국 누가 옳은지는 중요하지 않고 오직 살기 위해 방어와 공격만 남는다. 내가 먼저 찔러 상대를 제압하는 게 중요하다.

쇼펜하우어가 말한 논쟁술 중 기술적 부분에는 '직접 반박'과 '간접 반박'이 있다. 직접 반박은 상대의 주장에 대한 직접적인 공격이다. 상대 주장의 근거가 틀렸다거나 추론 과정의 문제점을 보여준다. 간접 반박은 상대가 주장으로 가져올 결과에 대해 공격하는 방법이다. 상대의 주장은 인정하면서도 주장이 가져올 결과 그리고 그의 잘못된 다른 주장을 가져와 공격하는 것이다. 상대가 주장한 개념에 포함된 개별 사례를 검증하면서 문제점을 부각시키는 것도 방법이다.

직접 반박: 상대의 근거 공격, 주장이 참이 아님을 보여줌.

1) 상대 주장의 근거가 틀렸다는 걸 입증.

2) 근거는 인정하되 그 근거들로 주장이 도출될 수 없음을 보여줌. 추론 방식 공격.

간접 반박: 상대 주장이 가져올 결과에 대한 공격.

1) 간접 논증: 상대의 다른 주장을 전제로 사용 시 어떤 결과가 나오는지 보여줌. 주장끼리의 모순점 부각.

2) 단순 반증: 상대 주장에 포함된 개별 사례를 검증해 주장의 보편성 반박.

적을 만들지 않고 이기는 말하기 기술

2부

토론은
정신으로 하는 검술이다

_『토론의 법칙』해설

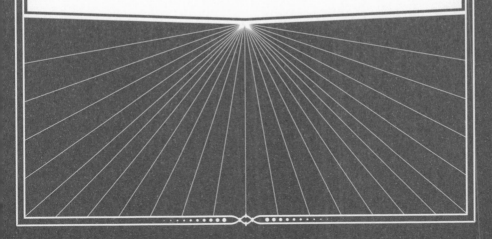

"

—————————————————————

1장

**강하게 공격하는
말하기 기술**

—————————————————————

"

상대의 니즈를
정확히 파악해야 한다

법칙 1. | 동기부여로 의지에 호소한다

쇼펜하우어는 이 법칙을 '나무를 뿌리째 뽑는 기술'이라고 표현했다. 이 기술은 다른 방법이 필요 없을 정도로 강력하다.

한마디로 말하면 상대의 이익, 즉 니즈(needs)를 공략하라는 것이다. 그는 10g의 의지가 50kg의 이성보다 무겁다고 했다. 아무리 강한 신념이라도 자신이 믿는 가치, 그리고 이익에 반하는 순간 의사를 철회한다는 것이다.

그가 든 예를 보자. 목장주가 증기기관 도입을 주장하면 말의 가격이 떨어질 거라고 말하고 성직자가 특정 철학을 옹호하면 성경의 교리와 맞지 않는다고 주장하라. 슬그머니 입장을 철회할 것이다.

결국 자신에게 불리한 건 이성의 눈으로도 부조리하다. 인간은 자신의 이익을 위해 스스로 합리화하기 때문이다. 결정을 내린 후 후회하더라도 결국 자기 합리화로 정신승리를 하는 것이다. 결국 상대가 손해를 입을 거라는 느낌을 받게 하는 게 핵심이다.

이 기술은 특정 조건에서만 사용할 수 있다. 비록 상대의 견해가 타당하지만 그로 하여금 그 견해가 자신에게 손해를 끼칠 수 있겠다는 느낌을 받게 할 수 있다면, 그는 실수로 뜨거운 쇳덩어리를 잡았을 때처럼 얼른 자신의 견해를 내려놓을 것이다.

"이성은 기름도 없이 메마른 상태에서 세상을 비추는 빛이 아니다. 이성은 의지와 열정이 흘러들어오는 걸 그냥 받아들일 뿐이다."

- 프랜시스 베이컨

'매슬로우의 욕구(동기) 이론'은 시사하는 바가 크다. 이 이론에 따르면 사람은 다섯 가지의 욕구를 지니고 있다. 가장 아래부터 생리적 욕구, 안전의 욕구, 사회적 니즈(소속, 애정)의 욕구, 존중의 욕구, 자아실현의 욕구다.

생리적 욕구는 배고픔 등 기본적 욕구다. 안전의 욕구는 말 그대로 자신의 상태가 안전하게 보장받고자 하는 니즈다. 사회적 욕구는 사랑받거나 소속되고자 하는 걸 말한다. 존중의 욕구는 인정, 지위에 대한 것이다. 자아실현의 욕구는 자기 충족, 내가 원하는 걸 궁극적으로 이루는 걸 말한다.

이 이론은 다시 두 개로 나눌 수 있는데, 결핍의 욕구와 성장의 욕구다. 생리적 욕구부터 존중의 욕구는 결핍의 욕구다. 그런가 하면 자아실현의 욕구는 성장의 욕구다.

재밌는 점은 매슬로우의 주장은 하위 단계의 욕구가 충족되지 못하면 상위 단계의 욕구는 의미가 없다는 것이다. 이를테면 전쟁 상황에선 취직하고 승진하는 게 무의미하다.

물론 이 이론에도 한계는 있다. 인간이라는 숭고한 동물은 설령 안전이 위협받고 음식을 먹지 못하더라도 더 높은 가치를 추구하곤 하니 말이다. 하지만 인간의 욕구를 파악해 그에 맞게 커뮤니케이션해야 한다는 인사이트는 유의미하다.

결국 논쟁할 땐 상대의 니즈를 파악해야 한다. 지금, 왜 이 시점에 이렇게 공격적으로 요구하는지 파악해야 한다. 쇼펜하우어의 말처럼 사악한 인간은 상대와 자신을 비교해 상대가 지적으로 떨어진다는 인상을 받으면 미친 개처럼 달려들 수 있다. 평상시 상대의 니즈와 욕구를 파악해 알맞게 대응해야 하는 것이다.

반대로 상대가 나의 니즈를 파악해 접근하면 그의 평소 행실을 돌아보고 판단해야 한다. 나를 진정으로 위하는 사람이었다면 별문제가 없겠지만, 관계가 깊지도 않은데 갑자기 나를 위한다는 명목으로 상식 밖의 호의를 베푼다면 상황을 객관적으로 살필 필요가 있다.

세상은 결코 녹록지 않다. 설령 상대가 진정 호의로 나를 위한 제안을 하더라도 상대는 얻는 게 있을 것이다. 이를테면 그 자신을 두고 타인을 도와줄 만큼 여유롭고 관대하다고 생각할 수 있다.

　윤리학에서 조건 없는 베풂은 없다. 아무 대가 없는 봉사와 호의도 저변에는 '난 좋은 사람이야'라는 보상이 자리잡고 있다.

권위에 주눅 들지 말고
검증해야 한다

법칙 2. | 누리고 있는 권위를 최대한 활용한다

"사람은 스스로 판단하기보다 남의 말을 그냥 믿으려 한다."

- 루키우스 안나이우스 세네카

쇼펜하우어는 상대의 지식과 능력이 모자랄수록 권위의 기술이 잘 먹힌다고 말한다. 여기서 말하는 권위는 두 가지다. 내가 가진 권위와 보편적 견해의 권위다.

우선 내가 가진 권위에 대해 알아보자. 평범한 사람은 모든 분야의 전문가에게 존경심을 가진다고 하며 상대가 이해하지 못하는 권위

적을 만들지 않고 이기는 말하기 기술

를 사용하는 게 효과적이라고 말한다. 예를 들어 희랍어나 라틴어를 사용하면 사람들은 권위 있게 생각한다는 것이다. 여기서 중요한 건 필요하면 왜곡이나 날조를 해도 된다는 것이다. 이를테면 전문가가 아니더라도 전문가인 양하면 된다는 것이다.

진짜 전문가는 나서서 강의를 하거나 드러내지 않는다. 그럴 시간에 연구에 집중하기 때문이다. 쇼펜하우어는 은연중 거짓 전문가가 설치고 다니는 행태를 비판한다.

다른 하나는 보편적 견해의 권위다. 아무리 터무니없는 견해라도 보편적인 견해라고 말하는 순간 사람들은 그 말을 믿는다. 마치 양떼처럼 말이다. 그런데 보편적 견해라도 소수의 의견이 확대된 거라고 강조한다.

쇼펜하우어는 보편적 견해의 형성 과정에 대해 비아냥거린다. 우선 소수의 사람이 견해를 밝힌다. 그 견해를 들은 사람은 견해를 밝힌 사람의 권위를 인정하고 믿는다. 나아가 다수가 믿는다.

시간이 지나면서 대중은 그 견해를 검증하지 않는다. 그들은 게으르고 또 자신만의 견해를 만들 수 없기 때문이다. 마침내 추종자가 늘고 다수의 견해로 자리 잡는다. 이내 그 견해를 따르는 게 의무처럼 되어 버린다.

쇼펜하우어는 보통의 사람들은 책을 읽지 않고 생각하는 능력까지 떨어져 양떼처럼 의견을 따른다고 말한다. 그러니 자연스럽게 권위가 통하는 것이다.

누군가가 보편적 견해에 이의를 제기하면 대다수는 비난한다. 그런 의견을 낼 용기도 지력도 없기 때문이다. 심지어 역사가들의 의견도 보편타당한 게 아닌 견해일 뿐이라고 평가절하한다. 보통의 사람들이 가장 많이 쓰는 방식이다.

보편적 견해의 생성 과정

1) 2~3명의 견해

2) 몇몇 사람이 철저히 검증했다고 믿고 선입견을 가짐

3) 믿는 사람들이 늘어남

4) 다수의 게으름(검증하지 않음)

5) 추종자가 늘어남

6) 다수가 따름(보편타당하다고 믿고 반박의 부담이 생김)

7) 따르는 게 의무

내 의견을 다수의 의견에 묻어가는 것, 바로 '침묵의 나선 이론(Spiral of Silence Theory)'이다. 독일의 커뮤니케이션 학자 엘리사베스 노엘레 노이만(Elisabeth Neolle Neumann)이 주장한 여론 형성 이론이다.

이 이론의 핵심은 다음과 같다. 사람들은 새로운 생각에 당면했을 때 각자 재빠르게 판단을 하는데, 유사 통계적 감각기관에 의해 자신이 판단한 생각이 그 의견을 지지한다면 더욱 자신 있게 말하고 그렇

적을 만들지 않고 이기는 말하기 기술

지 않으면 침묵해 양방의 결속이 '침묵의 나선 효과'를 가져온다. 인간은 소외의 두려움을 갖고 있고 다수의 의견에 따라간다는 것이다. 선거철 대세몰이가 바로 이런 효과다.

또 하나 생각해볼 수 있는 건 '운전사의 지식'이다. 독일의 물리학자 막스 플랑크(Max Planck)는 1918년 노벨 물리학상을 받은 후 독일 전역에서 강연 요청을 받았다. 그는 어디에 초대되든 자신이 세운 양자물리학 개념에 대해 똑같은 내용으로 강연했다. 3개월간 20회 이상 강연이 반복되자 그의 운전사도 내용을 다 외울 정도였다.

어느 날 플랑크가 피곤해하는 모습을 본 운전사가 말했다. "플랑크 교수님, 뮌헨에선 교수님 대신 제가 강연을 해보면 어떨까요? 강연 내용은 전부 외우고 있습니다. 교수님은 청중석 맨 앞자리에서 제 운전사 모자를 쓰고 쉬고 계십시오." 플랑크는 이 말을 듣고 흥미로워하면서 승낙했다.

그리하여 운전사는 박사급 이상의 수준 높은 청중 앞에서 긴 양자물리학 강연을 했다. 그런데 강연 말미에 한 물리학 교수가 뜻밖의 질문을 던졌다. 그러자 운전사는 대답했다. "뮌헨처럼 발전된 도시에서 그처럼 단순한 질문을 하리라고는 생각하지 못했습니다. 그 정도는 제 운전사도 대답할 수 있으니 그에게 부탁하겠습니다."

진짜 지식과 가짜 지식, 미디어를 보면 수많은 전문가가 나오는데 그들 모두가 그 분야의 전문가일까? 여기저기서 들은 내용을 마치 내 것인 양 전하는 운전사에 불과한 건 아닐까?

권위에 주눅 들지 말고 검증해야 한다. 그리고 당연함에 질문해야 한다. 누군가가 어렵게 말하면 쉽게 말해 달라고 요청해야 한다. 다수의 의견이라는 단서를 붙이면 그 다수가 무엇이고 근거는 어떤지 살펴야 한다.

치열한 논쟁 상황에서 상대의 근거를 살피는 지혜가 필요하다. 이를테면 상대가 "어느 학자가 그랬죠" "한 연구에 따르면"이라고 말하면 그 학자는 누구인지 또 어떤 연구인지 따져 물어야 한다. 자신의 말이 아닌 권위자의 말을 빌리거나 보편적 견해라고 말하는 순간, 당연함에 질문하고 근거를 물어야 하는 것이다.

적을 만들지 않고 이기는 말하기 기술

상대의 주장을
쪼개 들여다봐야 한다

법칙 3. | 논증 안 된 내용을 기정사실화해 전제로 삼는다

상대가 눈치채지 못하게 순환논법을 사용하는 것이다. 순환논법이
란 먼저 증명해야 할 주장을 기정사실화해 지금 하고 있는 논쟁의 전
제 조건으로 삼는 걸 말한다. 방법은 두 가지다.

하나는 다른 명칭을 자의적으로 혼용하는 것이다. 쇼펜하우어가
예를 든 건 기사의 명예를 좋은 평판으로 치환하고 처녀의 순결을 미
덕으로 치환하는 것이다. 기사의 명예라는 게 어떤 의미이고 어느 범
위까지인지 밝히지 않고 그것 자체를 좋은 평판으로 혼용해 사용한
다. 예를 들어 신입사원을 두고 "신입사원답다"라고 했을 때 '답다'의

정의 없이 주장하는 사람 마음대로 사용하는 것이다.

두 번째 방법은 개별적인 문제를 보편적인 문제로 확대해석하는 것이다. 의학의 불확실성을 말하면서 모든 지식의 불확실성을 말한다. 조금 더 쉽게 설명해보자. "이 책은 사실에 기반하므로 내용이 진실이다"라는 주장에는 어떤 문제가 있을까? 책이 사실에 기반한다는 전제가 깔려 있는 게 문제다. 이 책이 사실에 기반한다는 걸 먼저 증명해야 한다는 것이다.

A: "기후 변화는 주로 인간 활동에 의해 일어납니다. 많은 과학자가 그렇게 말했기 때문이죠."

B: "과학자들이 그렇게 주장한 근거는 무엇인가요?"

A: "그들이 기후 변화가 주로 인간 활동에 의해 발생한 거라고 말했기 때문입니다."

과학자의 말을 증명하지 않고 기정사실화하는 순환논법의 예다. 권위를 이용한 방법과 유사하다.

전제: "A는 항상 옳다."

결론: "A는 틀릴 수 없다."

근거: "A는 옳기 때문이다."

결론을 지지하고자 사용한 전제가 이미 결론을 포함하고 있다. 순환논법이다. 순환논법은 논리적 구조상 문제가 있다. 타당한 논증은 전제가 결론을 지지할 수 있어야 하지만, 순환논법에선 전제와 결론이 상호 의존적이기 때문에 전제가 독립적으로 결론을 뒷받침하지 못한다.

순환논법은 결론을 증명하지 못하고 오히려 결론을 가정하니 논리적으로 설득력이 없다. 순환논법을 사용하면 논증 전체의 신뢰성이 훼손된다. 상대에게 설득력 있게 다가가지 못하며 비판의 여지를 남긴다.

순환논법을 피하기 위해선 결론을 증명하고자 독립적인 전제를 사용하는지 파악해야 한다. 전제가 결론과 독립적으로 참이어야 하는 것이다. 또 논리적 근거를 명확하게 제시하고 그 근거가 결론을 직접적으로 지지하고 있는지 밝혀야 한다.

따라서 상대의 주장을 쪼개 들여다봐야 한다. 특히 타인의 말이나 주장, 근거를 가져온다면 증명된 참인 전제인지 먼저 살펴야 한다. 특히 "00니까 이게 맞아" 같은 표현이 나온다면 전제를 의심하라. 상당히 피곤하겠지만 그래야 상대의 사술에 당하지 않는다.

프레이밍과 네이밍으로 이슈를 선점하라

법칙 4. | 자신에게 유리한 비유를 신속하게 선택하라

프레이밍(Framing, 틀 짓기)과 네이밍(Naming, 이름 짓기)으로 이슈를 선점하는 것이다. 정교하게 이뤄지는 순환논법이라고 할 수 있다.

프로테스탄트는 복음주의자라는 명칭도 있지만 가톨릭 입장에선 이단자라고 부를 수 있다. 변화를 혁명으로 표현하고 '신앙심이 깊다'를 '종교에 빠졌다'로 표현할 수 있다.

즉 어떻게 비유하고 이름을 짓는지에 따라 사람들이 생각하는 방식이 다른 것이다.

부적절한 말 → 음담패설

경제적 어려움 → 파산

영향력과 연고 이용 → 매수와 정실 이용

같은 상황이지만 어떻게 비유하고 이름을 짓는지에 따라 사람들이 받아들이는 게 완전히 다르다.

생존률 70% → 사망률 30%

고기 비율 70% → 지방 비율 30%

동일한 내용이지만 어떻게 포지셔닝(Positioning)하는지에 따라 달라진다. 이것이 '프레이밍 이론(Framing Theory)'이다. 의제 설정 이론이 자주 노출되는 주제가 중요하다고 느끼게 하는 거라면, 프레이밍 이론은 어떻게 생각할 것인지 알려주는 것이다.

긍정적 시각으로 전달하면 긍정적으로, 부정적으로 전달하면 부정적으로 인식하는 게 당연하다. 민주당과 공화당의 선거 전략을 논한 책인 조지 레이코프(George P. Lakoff)의 『코끼리는 생각하지 마』가 프레이밍 효과를 잘 보여준다. 공화당의 심볼이 코끼리, 민주당의 심볼이 당나귀일 때 사람들에게 "코끼리는 생각하지 마"라고 하면 어쩔 수 없이 코끼리를 생각한다는 것이다.

사람은 전달하는 프레임, 틀에 따라 사고하게 되어 있다. 프로파간다(Propaganda)의 대가 아돌프 히틀러(Adolf Hitler)는 비유를 잘 사용한 걸로도 유명하다. 그는 뛰어난 커뮤니케이터였다. 그가 연설을 할 때는 특유의 연출 기법을 사용했다. 공연처럼 말이다.

해질녘의 시간, 개와 늑대의 시간, 즉 사람들의 감성이 열리는 시간에 야외에서 연설을 했다. 음악을 사용했으며 앞에서 등장하지 않고 뒤에서 등장하면서 사람들이 열광하게 만들었다. 과장된 제스처 등으로 분위기를 끌어올렸다. 쉽고 간결하게 말했으며 비유를 많이 사용했다.

이를테면 세계는 양육강식의 세계, 즉 동물의 법칙이 지배하는 세계로 독일 아리아 민족이 타 민족을 지배하는 건 당연하다고 말한다. 그리고 유대인을 기생충, 바이러스라고 명명하며 자신은 바이러스를 박멸하는 의사로 포지셔닝한다. 그런가 하면 윈스턴 처칠(Winston Churchill)이 권투를 제안했고 그쪽은 잽을 날리고 있지만 자신은 어퍼컷으로 한방에 무너뜨릴 수 있다고 말한다.

필자가 쓴 『오바마처럼 연설하고 오프라처럼 대화하라』는 역사적인 커뮤니케이터 열세 명을 선정해 그들이 가진 특징을 정리한 책이다. 그중 스피치의 핵심 기술이 스토리텔링이었다. 즉 사례와 비유를 어떻게 드는냐가 중요하다. 버락 오바마(Barack Obama)가 그랬고 에이브러햄 링컨(Abraham Lincoln), 처칠도 마찬가지였다. 뭐니뭐니 해도 원조는 예수(Jesus Christ)가 아닐까? 단 3년의 활동으로 인류 역사 전체에 지대한 영향을 미쳤으니 말이다.

상대가 상황을 규정짓거나 나를 네이밍하려 할 때 단호히 대처할 필요가 있다. "너는 좀 이기적인 것 같아" 같은 말을 들으면 어떻게 대응할 것인가? 맞받아 인신 공격으로 들어가면 개싸움이 될 수 있다. 화가 나기 때문에 말싸움에서 무리하거나 실수할 확률이 높다.

그때는 차분하고 정중하게 역공해야 한다. 두 가지 방법이 있다. 우선 어떤 점에서 이기적인지 물어보는 것이다. 상대가 왜 나를 이기적으로 생각하는지 듣고 반격을 준비한다. 두 번째 방법은 내가 이기적이지 않은 몇 가지 사례를 드는 것이다. 상대와 관련 있는 내용이면 더 좋다. "내가 이러저러하게 행동했는데 네가 이기적이라고 하니 당황스럽네. 이런 내 행동이 이기적이라면 더 이상 할 말이 없어."라는 식으로 말이다. 결코 상대의 프레이밍과 네이밍에 당하면 안 된다. 나만이 나를 정의하고 규정할 수 있다.

양자택일 방식으로
압박하고 몰아붙여라

법칙 5. | 불합리한 반대 주장을 함께 제시해 양자택일하게 하라

"검은색 옆에 회색이 있으면 회색이 희다고 한다. 회색 옆에 흰색이 있으면 회색이 검다고 한다." 상대로 하여금 나의 주장을 받아들이게끔 양자택일하도록 압박하는 전략이다.

상대가 나의 주장을 받아들게끔 하고자 원래보다 더 불합리한 반대 주장을 함께 제시하고 상대에게 선택을 강요하라. 쇼펜하우어는 반드시 큰소리로 압박하듯이 말하라고 조언한다. 심리적 압박을 가하라는 것이다. 그렇게 말할 때 보는 사람이 더 당당하고 타당하다.

상대가 이성적 판단을 하기 전에 강하게 압박해 원하는 걸 얻는 전

략이다. 내성적이거나 주체적이지 못하고 끌려다니는 사람들에게 효과적일 것이다. "할 거야? 말 거야?" 하는 식으로 몰아붙이면 상대는 쉽게 수긍한다.

이를테면 아버지 말에 순종해야 한다는 주장을 관철시키고 싶다면 상대에게 이렇게 말하면 된다. "모든 일에 부모님께 순종해야 합니까? 말아야 합니까?" 하는 식으로 큰소리로 압박하는 것이다.

A: "기후 변화를 막기 위해 당장 탄소 배출을 줄여야 합니다."
B: "자동차를 포기하고 도보나 자전거만 이용하라는 겁니까? 원시 시대로 돌아가자는 거예요?"

조금 극단적이지만 양자택일로 몰아붙이는 것이다. 쇼펜하우어는 상대에게서 '예'라는 답변이 나오는 걸 매우 중요하게 생각했다. 어떤 내용이든 상대의 시인을 받아냈다면 확대해석해 내 마음대로 결론을 내릴 수 있기 때문이다.

싸울 때 이런 경우가 자주 있지 않은가? 외출을 앞두고 다툼이 생긴 부부끼리 자주 하는 말이 "갈 거야 말 거야" "할 거야 말 거야" 하고 압박하는 것이다. 주말에 쉬고 있는 남편에게 부인이 묻는다. "당신, 오늘 놀이동산 갈래? 쇼핑 갈래?"라고 말이다.

상대가 양자택일 방식으로 압박한다면 방향을 틀어야 한다. 두 가지 중 한 가지를 선택해야 한다고 생각하는 순간 상대의 함정에 빠진 것이다. "양자택일의 문제가 아니잖아. 조금 더 생각해보자." 하는 식으로 시간을 벌어야 한다. 그러곤 새로운 방법을 찾아라.

통상 대화는 과거, 현재, 미래의 시점으로 이뤄진다. 과거는 책임의 소재다. 당시 어떤 문제가 있었는지, 누구의 잘못이었는지 따지는 것이다. 현재는 현 상황에 대한 문제다. 기분이 좋은지 나쁜지, 지금 하고 싶은지 그렇지 않은지다. 그런가 하면 미래 상황은 어떻게 할 것인가의 문제다.

압박 상황에선 시점을 미래로 옮겨 같이 생각하자고 끌어들이는 게 효과적이다. "그럼 어떻게 하면 좋을까?"라는 질문 등으로 시점을 미래로 옮기는 것이다. 상대는 분명 현재의 결정을 강요할 것이다. 그때 현재 상황에 대한 냉철한 판단 없이 압박에 밀려 대충 선택한다면 반드시 후회한다.

양자택일 시에는 현재에 집중하지 말고 미래를 생각하자. 그리고 상대의 양자택일에 절대로 답하지 말자. 답하는 순간 억지로라도 선택한 바로 그것을 해야 할 것이다.

내용 없는 말을
심각한 표정으로 말하라

법칙 6. | 내용이 없는 말을 심오하고 학술적인 말로 둔갑시킨다

"인간은 보통 아무 말이나 들어도 생각할 뭔가가 있다고 믿는다."

- 요한 볼프강 폰 괴테

쇼펜하우어의 표현을 빌리자면 상대가 얼이 빠지도록 허튼소리를 진지하게 하라는 것이다. 상대는 은근히 자신의 약점을 의식하거나 이해하지 못하는 말을 들으면서도 이해한 척한다고 말한다.

대화는 체면 위협의 부담이 있다. 내가 요청할 때 상대가 거절하는 경우와 상대가 요청하는 경우, 내가 들어줘야 한다는 부담과 상대의

말을 이해하지 못할 수도 있을 거라는 부담을 느낀다.

석학이 하는 어려운 강의를 들으면서 마치 이해한 것처럼 하진 않는가? 베스트셀러 책을 구입해 읽어봤지만 어려워 이해하지 못했음에도 이해한 것처럼 행동하진 않았는가? 바로 그 지점을 노리는 법칙이다. 아무 내용도 없는 말을 심각한 표정으로 말하라. 상대가 물어보면 그럴듯한 증거를 제시하라.

토론 프로그램, 시사 프로그램을 보면 서로 자신의 지적 우위를 뽐내고자 어려운 용어를 사용한다. 하지만 말을 잘한다는 건 어려운 걸 쉽게 푸는 것이다. 쉬운 내용도 어렵게 말한다는 건 말을 잘하기는커녕 굉장히 못하는 것이다.

학력 콤플렉스를 가진 사람들을 보면, 일반화할 순 없지만 미디어나 강연에 나가 일부러 영단어를 자주 사용하거나 어려운 이론을 나열하는 경향이 있다. 마치 전문가인 것처럼 말이다.

최근 유튜브를 보면 이런 현상이 더욱 심해지고 있다. 건강, 정치, 자기계발 관련 영상에서 두드러지는데, 검증되지 않은 다양한 정보를 가져와 검증을 마친 권위 있는 지식인 양 전파하는 경우가 많다. 지상파 방송이라면 심의라는 필터링이 있어 그나마 검증하는 편이지만, 유튜브는 필터 자체가 없으니 더욱 심할 수밖에 없다. 그럴 때는 스스로 철저히 검증하는 수밖에 없다.

상대를 공략해야 할 땐 내 분야의 전문성을 가져오는 게 효과적이다. 이를테면 "제가 아나운서 생활 27년 차인데요~" "제가 2006년에 박사학위를 받았을 때 말이죠~" 하는 식으로 나의 공신력을 확보한 후 전문 용어를 사용하면 상대는 나의 권위에 눌릴 가능성이 크다. 그는 마치 내 말이 맞는 것처럼 행동할 것이다.

　반대로 상대가 학술적이며 심오한 말을 늘어놓는다면 구체적으로 질문하라. "제가 잘 몰라서 그러는데요. 앞서 말씀하신 그 이론, 어떤 학자가 몇 년에 주장한 건가요?" 하는 식으로 디테일하게 물어보면 상대는 멈칫한다. 내 질문에 상대가 제대로 답변하지 못하면 듣는 타인은 그에 대한 신뢰를 거둬들일 확률이 높다. 설령 대답을 한다고 해도 이후 그 자신이 잘 모르는 이론이나 학술적인 내용을 함부로 들이밀지 못할 것이다. '상대가 또 자세하게 질문하면 어쩌지'라는 부담을 갖기 때문이다.

두서없이 질문해
상대의 답을 얻어내라

법칙 7. │ 상대의 대답을 근거로 내 주장의 진실성을 확보한다

한꺼번에 많은 걸 묻는다. 쇼펜하우어의 표현에 따르면 상대에게 원하는 걸 받아내고자 느닷없이 많은 걸 닥치는 대로 질문하는 것이다. 그리고 상대의 대답을 근거로 결론을 짓는다. 일단 상대가 '예'라고 인정하는 순간 내가 원하는 쪽으로 확대해석해 결론을 내버린다. 그리고 논증은 신속하게 결론 짓는다.

한마디로 두서없이 질문해 상대의 답을 얻어내고 신속하게 결론을 내리는 것이다.

적을 만들지 않고 이기는 말하기 기술

고대 그리스 철학자 소크라테스(Socrates)는 상대에게, 특히 젊은 이들에게 질문해 그들이 아포리아(Aporia) 상황에 빠지게 만들었다. 아포리아란 철학 용어로 어떤 사물에 대해 해결 방도를 찾을 수 없는 난관의 상태를 의미한다.

일반적으로 해결이 곤란한 문제, 즉 모순이나 해결 불가능한 역설 등을 일컫는다. 아포리아는 고대 철학자들에 의해 의미가 확립된 용어로 그리스어의 원래 뜻은 '막다른 곳에 다다름'이다.

소크라테스는 대화 상대를 아포리아에 빠뜨려 무지의 상태를 자각시켰다. 상대를 아포리아에 빠뜨린다는 건 상대로 하여금 그 자신의 의견에 논리적인 모순이 있다는 걸 인정하게 만드는 것이다. 즉 자신의 전제가 잘못되었다고 깨닫는 순간이다. 그때 당연함에 질문할 수 있는 여건이 형성된다.

아리스토텔레스(Aristoteles)는 아포리아에 의한 놀라움에서 철학이 시작된다고 주장했고, 플라톤(Plato)은 저서 『대화』에서 로고스(logos)의 전개로부터 필연적으로 생기는 난관을 아포리아라고 명명했다. 플라톤의 이론에 따르면 아포리아 속에 있는 자는 질문 속에 놓이고 질문에 답을 해나가는 과정으로 전체와 관계를 맺는다.

스티브 잡스(Steve Jobs)는 살아생전 "소크라테스와 점심을 할 수 있다면 애플이 가진 모든 기술을 포기할 수 있다."라고 말한 바 있다. 생성형 AI에게 '질문을 잘한 역사적 인물'을 꼽으라고 하면 주저 없이 소크라테스를 꼽는다.

소크라테스는 어떤 방식으로 질문을 했을까. 그는 산파술로 아포리아적 상황을 만들고자 했다. 적절하고 집요한 질문으로 상대가 '스스로 막다른 골목', 즉 난관에 빠지게 하고 곧 스스로 자각하게 만드는 것이다.

그는 첫 번째로 본질과 정의에 대해 질문했다. "덕은 뭐라고 생각하십니까? 지식은 무엇인가요?" 하는 식이었다. 소크라테스는 상대의 정의를 듣고 문제점이 있으면 지적해 더 정확한 정의를 찾도록 유도했다.

두 번째 질문으로 모순과 오류를 검증했다. 정의를 물은 후 다른 개념을 가져와 어떻게 다른지, 가정이 타당한지 등을 물었다. 열린 질문 후 보다 깊게 질문했다. 열린 질문 후 폐쇄형 질문으로 집요하게 대화한 것이다.

마지막 질문의 특징은 결국 자기 인식을 촉진하도록 유도했다는 점이다. 모든 질문이 전략적이었고 결국 상대가 스스로 자신의 문제점을 인식하도록 설계했다. 이런 방법은 상대에 대한 이해와 관심이 없다면 불가능할 것이다. 경청과 공감이 전제되어야 하니 말이다.

쇼펜하우어의 질문은 다르다. 상대가 내 의도를 파악하지 못하도록 두서없이 뒤죽박죽 질문한다. 그리고 상대의 시인을 받아내 그걸 바탕으로 결론을 내린다. 이런 모습은 국회에서 쉽게 볼 수 있다. 국회청문회 혹은 대정부 질문 시간에 국회의원은 집요하게 무더기로 질문하고 대상자는 방어적으로 답변한다.

적을 만들지 않고 이기는 말하기 기술

상대가 계속 질문을 던진다고 그의 속도와 페이스에 휘말리면 안된다. 그런 질문에 성실하게 답변할 필요가 없다. 중요한 건 상대의 페이스에 휘말리지 않고 벗어나는 것이다. 그럼에도 계속 질문한다면 상황을 인지시켜라. "왜 이리 중구난방으로 질문해. 상황을 정리좀 해보자." 혹은 "나도 질문 좀 하면 안 돼?" 하는 식으로 역공을 취하는 것도 좋은 방법이다. 순진하게 상대의 질문에 계속 답변하는 순간 상대의 프레임(frame)에 갇힐 것이다.

근본적이고 보편적인
상위 가치를 물어봐라

법칙 8. | '예'라는 대답을 얻어낼 수 있는 질문을 던진다

쇼펜하우어는 '예'라는 답을 기대하고 던진 질문에 '아니오'라고 답한다면 정반대의 내용을 물어보라고 조언한다. 상대로 하여금 두 가지 중 하나를 선택해야 한다는 고민에 빠트려 내가 원하는 게 무엇인지 모르게 하라는 것이다.

핵심은 상대에게서 '예'라는 답변이 나오도록 유도해야 한다는 것이다. '예'라고 하면 청중은 상대가 시인한 것으로 보기 때문이다.

경찰의 취조 심문이 대표적이다. 개별 사안 등을 끊임없이 질문하는 건 '예'라는 답을 얻기 위함이다. '예'라고 답하는 순간 물꼬가 터

적을 만들지 않고 이기는 말하기 기술

진다. 다른 사안들의 시인으로 넘어갈 수 있다. 논리적 고리가 깨지는 순간이다. 보는 사람도 그렇다고 믿을 수 있는 여지를 만든다.

쇼펜하우어가 살았던 당시에도 토론의 승패는 청중이 결정했다. 중요한 건 청중이 나의 말을 진실인 것처럼 믿게 하는 것이다. 쇼펜하우어에 따르면 토론은 진리를 찾는 과정이 아니라 내 주장을 진리인 것처럼 보이도록 만드는 과정이다.

그렇다면 상대에게서 '예'라는 답변을 어떻게 얻어낼 수 있을까? 근본적이면서도 상위의 가치에 대해 물어보는 것이다. 이를테면 사형제도를 찬성하는 사람에겐 느닷없이 "인권이 존중되고 지켜져야 하는 것 아닌가요?"라고 물어라. 안전 관련 논의에선 "당신도 아이들의 안전을 중요하게 생각하시죠?"라고 물어라. 환경 관련 논의에선 "당신도 깨끗한 환경에서 살고 싶으시죠?"라고 물어라. 이 기술의 목적은 '예'라는 답변을 받아내는 것이다.

반대로 상대가 내게 이 기술을 적용하면 어떻게 해야 할까? 그땐 시인하면서 주제를 좁혀야 한다. "그럼요, 당연히 인권을 존중하죠. 하지만 이번 사안은 타인의 인권을 침해한 사람에 대한 것입니다. 그가 저지른 반사회적 범죄를 보시죠." "당연하죠, 깨끗한 환경 중요합니다. 제가 쓰레기 처리장 설립을 찬성한 건 보다 깨끗한 환경을 위한 겁니다. 결코 서로 충돌하지 않습니다." 보편적인 상위 가치는 인정하되 내용을 좁혀 나의 주장도 서로 배치되지 않는다는 걸 논리적으로 설명해야 한다.

상대를 자극하는 감정적 방법이 효과적이다

법칙 9. | 상대를 화나게 해 올바른 판단을 방해한다

인간의 사악함과 지적 허영심을 간파한 쇼펜하우어는 합리적 토론이 거의 불가능하다고 말한다. 이겨야 한다면 감정적 방법이 효과적이다. 상대를 자극해야 한다는 것이다. 노골적으로 부당한 짓을 하거나 말에 트집을 잡는 등 뻔뻔해야 한다고 강조한다.

화가 나면 다양한 실수를 할 수 있다. 우선 과도한 비판과 말다툼이다. 논쟁이 과도하게 치닫거나, 화제가 심화되어 감정적으로 과도하게 비난조로 발언하거나, 상처 주는 말을 쏟아낼 수 있다. 일상적인 대화가 갑자기 논쟁으로 치닫고 상대의 인격을 공격하는 발언을

하는 경우를 종종 본다.

두 번째로 감정적 결정을 하는 것이다. 화가 나면 감정적으로 판단력이 흐려져 잘못된 결정을 내릴 수 있다. 짜증이 나서 감정적으로 반응해 급작스럽게 직장을 그만 두기로 결정하곤 한다.

세 번째는 대화의 중단이다. 화가 나서 상대의 말을 듣지 않고 대화를 중단하는 실수를 할 수 있다. 갈등 상황에서 상대의 의견을 듣지 않고 자기의 주장을 고수하며 대화를 끊어버리곤 한다. 상대의 진심과 의중을 파악하기 전에 내 감정에 휩쓸려 상대의 의견을 듣지 않는 것이다.

가장 극단적인 건 폭력적인 행동일 것이다. 감정을 통제하지 못해 폭력적인 행동을 할 수 있다. 물건을 부숴버리거나 상대에게 신체적으로 위협을 가한다. 이와 같은 상황에선 감정을 통제하고 상황을 잘 판단해 실수를 줄이는 게 중요하다. 감정이 치밀어 오를 때는 자리를 피하는 게 가장 좋을 수 있다.

상대를 화나게 하려면 상대의 지적 무능력을 공격하는 것도 한 방법이다. 쇼펜하우어가 말하길 사람은 선천적으로 비교하는 습성이 있으며 지력과 연관되어 있으면 더욱 민감하다. 토론에서 지기 싫어하는 것도 그런 이유 때문이다.

상대에게 지면 나의 지력이 떨어진다는 걸 자인하는 꼴이다. 그러니 상대의 무식함을 공격하라. 나아가 상대의 정체성, 학교, 집안, 재산 등도 공격하라.

하지만 개인적으로는 권하지 않는다. 그런 식으로 공격하는 순간 더 이상 대화는 불가능하며 상대와의 관계도 끊기고 말 것이다.

상대가 나를 화나게 하면 침착하려 애쓰자. 말 한마디로 이기고 지는 게 아니다. 상대가 저질스러운 방법을 사용한다면 나는 품격 있게 대응하라.

혹시 상대가 나의 정체성을 공격한다면 이런 식으로 대응할 필요가 있다. "네가 이런 식으로 말하니 아주 속상해. 나는 너를 좋은 친구라 생각했는데 나의 숨기고 싶은 약점을 공격하니 당황스럽고 마음이 아파."라고 말이다.

반박과 말싸움으로
상대의 심리를 자극하라

법칙 10. | 말싸움을 걸어 무리한 주장을 유도한다

반박과 말싸움은 상대를 자극해 주장을 과장한다. 상대는 지기 싫어 무리한 근거와 사례를 가져올 확률이 높다. 후에 그의 과장된 주장을 반박하면 상대의 원래 주장까지 반박하는 걸로 보인다.

반대로 내가 상대의 반박에 자극되어 과장된 방향으로 가거나 지나치게 확대하지 않도록 주의해야 한다. 쇼펜하우어는 상대의 말싸움에 자극되어 과장된 주장을 하거나 자기 주장을 지나치게 확대하는 쪽으로 말려들지 않도록 조심해야 한다고 조언한다.

상대의 계략에 지체 없이 제동을 걸고 그를 내 주장의 경계선 안으

로 되돌아오게 만들어야 한다. "저는 이런 한도 내에서 말한 것이지 그 이상의 뜻으로 말하지 않았습니다."라는 식으로 말이다.

상대가 말싸움을 걸어 나를 자극하는 건 결국 나의 정체성을 건드리는 것이다. 정체성은 내가 살아온 과정, 나의 위치, 지적 능력 등을 포괄한다. "당신네 집안은 왜 그래?" "대학 나왔는데 그것도 몰라?" "너 정도면 더 좋은 데 살아야 하는 거 아니야?"라는 식으로 정체성을 훼손하는 경우가 많다.

상대가 의도적으로 그런 말을 했든 아니면 원래 예의가 없는 사람이든 나는 자극을 받고 감정에 휩싸이기 마련이다. 토론하기 전에 이런 공격까지 염두에 두고 마음을 다잡을 필요가 있다.

내가 이성이 무뎌져 무리한 주장을 하는 초입에 있거나 감정적으로 격앙될 때면 정신을 다잡을 수 있어야 한다. 이는 메타인지(meta-cognition)다. 상황을 객관화하는 것이다.

감정이 치밀어 오를 때의 반응을 기억하자. 호흡이 가빠지고 욱 하는 게 올라온다. 그때 상황을 객관화해서 스스로에게 물어보며 감정을 추슬러야 한다. "내가 지금 화를 내고 반박한다고 이 문제가 해결될까?" "내일 후회 안 할 자신이 있나?" 하는 식으로 말이다.

적을 만들지 않고 이기는 말하기 기술

평정심 없은 상대의 행동을 물고 늘어져라

법칙 11. | 뜻밖의 화를 내면 그 부분을 집요하게 물고 늘어진다

치졸한 방법이다. 하지만 논쟁은 정신으로 하는 검술이 아닌가? 결국 내가 이겨야 한다. 내 주장에 상대가 화를 낸다면 그 부분에 약점이 있다는 것이다.

쇼펜하우어의 말처럼 그 부분을 집요하게 물고 늘어져라. 상대는 화를 내며 평정심을 잃고 스스로 무너질 것이다. 청중은 상대가 참을성 없고 다혈질적인 사람이라고 인식할 것이다.

화를 낸다는 건 감정이 개입된 것이다. 앞서 살펴봤듯 상대의 정체성이 위협받았다고 생각할 수도 있지만 자신의 약점이 들통난 거라

고 생각할 수도 있다. 논쟁에선 상대의 오버스러운 행동을 파악하는 게 중요하다.

집요하게 물고 늘어지진 않더라도 한 번 정도는 언급하는 것도 나쁘지 않다. "화내시는 걸 보니 더 의심스럽습니다." "당황해하시는 걸 보니 문제가 있는 것 같네요." 정도라도 상대에겐 큰 타격일 수 있다.

반대로 나의 약점에 대해선 미리 시뮬레이션할 필요가 있다. 수많은 후보가 청문회에 앞서 자신의 약점에 대한 멘트를 준비한다. 스피치 코칭을 받으며 당황하지 않고 연출적으로 말하는 걸 연습한다.

논쟁에 있어서도 나의 약점에 대한 준비된 멘트가 필요하다. 상대는 반드시 공격할 것이다. 이성적이고 논리적으로 대화를 시작하지만 결국 진흙탕 싸움으로 번질 수 있다.

치졸한 방법이지만 원천 차단하는 방법이 있다. 상대가 나를 인성 쓰레기 혹은 술주정뱅이라고 힐난하면 일일이 방어하기 어렵다. 내가 실수라도 했다면 상대는 그 실수 하나를 집요하게 공략할 것이다. "야, 네가 그런 행동을 하는 게 인성 쓰레기인 거야." "그날 밤 기억 안 나? 술 조절도 못하니까 술주정뱅이 아니야?" 하는 식으로 말이다.

그럴 땐 차라리 인정하라. "그래, 나 인성 안 좋다. 인성 쓰레기다." "그래, 나 술 좋아한다. 술주정뱅이야, 어쩔래?"처럼 말이다. 조금 순화해 표현하고 인정하며 사안을 다른 쪽으로 전환하는 게 유리하다.

적을 만들지 않고 이기는 말하기 기술

말문이 막힌 상대를
집요하게 공격하라

법칙 12.　|　상대의 침묵은 곧 상대의 약점이다

질문이나 논거에 상대가 직접적인 대답이나 이의를 제기하지 않고 다른 내용을 질문하거나 간접적인 답변 또는 내용과 전혀 관계없는 말로 피해 가면서 화제를 다른 곳으로 전환하려고 할 때가 있다.

쇼펜하우어는 내가 미처 알지 못하는 사이 상대의 약점을 건드렸다는 확실한 신호라고 말한다. 즉 내 질문과 연관해 상대의 말문이 갑자기 막혔다는 증거다. 그러므로 내가 건드린 부분을 집요하게 파고들어 상대가 약점으로부터 도망가지 못하게 해야 한다. 설령 내가 그 약점을 파악하지 못하더라고 집요하게 공격해야 한다.

침묵은 많은 의미를 가진다. 대화할 때 침묵은 상황에 대한 인정, 부정, 회피가 될 수 있다. 반면 소통에 있어서 침묵은 상대를 위로하는 것일 수도 있다. 하지만 논쟁에서의 침묵은 약점이다. 토론은 서로 증명해야 한다는 부담을 가지기 때문이다.

정식 토론 대회에선 찬성 쪽이 먼저 입론, 주장을 펼친다. 사안 추진에 대해 찬성한다는 건 현 상황을 바꾸고자 하는 것이다. 찬성 측에선 증명의 부담을 진다. 찬성과 반대가 동점이라면 찬성이 진 것이다. 증명을 해내지 못했기 때문이다. 반면 반대 측은 반박의 부담을 진다. 사안에 대해 반대 측이 반박하지 못하고 침묵하면 인정한다는 신호로 간주한다.

따라서 논쟁에서 침묵한다는 건 할 말이 없고 논리적으로 몰렸다는 증거다. 가급적 침묵은 피해야 한다.

적을 만들지 않고 이기는 말하기 기술

"

2장

더 강하게 반격하는
말하기 기술

"

상대의 주장을
확대해석해 공격하라

법칙 13. | 상대의 주장을 최대한 넓게 해석해 과장한다

논리적 추론으로서 중요한 기술이다. 주장은 보편적일수록 공격에 노출되기 쉽다. 일반적이고 보편적인 주장에는 수많은 예외가 있기 때문이다. 따라서 상대의 주장을 최대한 넓게 해석해 과장해야 한다. 반대로 나의 쟁점이나 주장은 정확하고 좁게 제시해야 한다.

쇼펜하우어가 든 예를 보자. "영국인은 세계에서 가장 뛰어난 연극적 재질을 가진 민족"이라는 주장을 상대가 확대해석해 "영국인들은 음악적 소실이 없어 좋은 오페라가 없다"라고 한다. 나는 "음악은 연극에 포함되지 않는다"라고 반박한다. 상대는 연극적 재질을 확대해

적을 만들지 않고 이기는 말하기 기술

석해 음악이 포함된 오페라로 옮기고자 한다. 하지만 내가 다시 주제를 좁힘으로써 상대의 반박을 재반박할 수 있다.

반대로 주장을 의도보다 좁게 제한하면 상대의 반박을 제압할 수 있다고 말한다. 쇼펜하우어의 예를 보자. "A가 주장한다. 1814년 평화조약이 독일의 한자동맹(중세 독일 북부 도시들의 정치적, 상업적 동맹)에 독립을 안겼다. B는 단치히가 이 조약 때문에 나폴레옹이 허락했던 독립을 잃었다고 말한다. A는 내가 말한 건 독일의 도시이지 폴란드의 한자 도시인 단치히가 아니라며 위기에서 벗어난다."

정리하자면, 상대의 주장을 확대해석해 공격하라는 것이다. 조금 더 들어가 보면 '추상-구체성의 변환'이 중요하다. 일명 '추상의 사다리(Ladder of Abstraction)'다. 논리적이고 말 잘하는 사람은 추상과 구체의 변환을 잘한다. 상대의 이해도에 따라 구체적으로 말하다가도 한순간에 추상적으로 말하는 것이다.

예를 들어 벽돌공이 벽돌을 쌓고 있다. 그에게 질문한다. "당신은 무엇을 하고 있습니까?" 한 명은 "벽돌을 쌓고 있습니다"라고, 다른 한 명은 "교회를 짓고 있습니다"라고, 또 다른 한 명은 "모든 사람이 행복한 공간을 만들고 있습니다"라고 답변했다.

같은 행위지만 말의 수준이 다르다. 이걸 잘하는 사람이 커뮤니케이션 능력이 뛰어나다고 할 수 있다. 여기선 확대해석해 공격하라고 하지만 상황에 따라 달리 할 수 있다. 논리적 방법의 핵심이다.

상대의 논지를 확대해석해 공격하라. 혹은 디테일에 약점이 있다면 그쪽을 공략하라. 만약 나의 논지가 개별 논리에 떨어지면 추상화, 일반화해서 주장하라. 그리고 개별 사례를 제시해 상대가 '예'라고 답하면 그걸 바탕으로 확대해석해 결론을 이끌어내라.

의료보험 논의

A: "모든 국민에게 기본적인 의료 서비스를 제공해야 합니다."

B: "모든 국민이 병원을 무료로 이용하고 의사들과 간호사들은 무료로 일해야 한다는 건가요?"

B는 A의 주장을 과장해 해석하고 있다. A는 기본적인 의료 서비스 제공의 필요성을 주장했지만 B는 '모든 의료 서비스가 무료여야 한다'라는 주장으로 왜곡했다.

환경 보호 논의

A: "재생 에너지를 더 많이 활용하고 화석 연료의 사용을 줄여야 합니다."

B: "모든 사람이 차를 포기하고 자전거만 타야 한다는 건가요?"

이것은 '허수아비 논법(Straw Fallacy)'이라고도 불린다. 상대의 실제 주장이나 논리를 왜곡해 약하게 만든 후 그 주장을 반박한다.

A: "아이들은 더 많은 영양분을 섭취해야 합니다."

B: "아이들은 초콜릿만 먹어야 한다는 건가요?"

영양분을 마음대로 왜곡, 확대해석해 초콜릿으로 끌고 온 것이다.

'붉은 청어의 오류(Red Herring Fallacy)'도 있다. 토론 주제에서 다른 방향으로 주위를 전환해 본래 주제나 문제로부터 벗어나는 방식이다. 한마디로 딴소리하기, 주제 전환이다.

강력한 냄새가 나는 훈제 청어가 사냥개의 주위를 산만하게 해 토끼 쫓는 걸 방해한다는 것에서 유래했다. 즉 논점 일탈의 오류란 '주의를 분산시키는 행위'를 의미한다.

A가 환경오염에 대해 논의하고 싶어할 때 B가 "하지만 우리나라의 경제 성장률이 얼마나 빠르게 성장하고 있는지 생각해봐야지"라고 주장을 제기하는 식이다.

이 기술이 자주 사용되는 건 교통사고 현장이다. 처음에는 누가 더 큰 과실이 있는지 따진다. 그러다가 원만하게 해결이 되지 않을 것 같으면 한 사람이 말한다. "너 몇 살이야?"라고 말이다. 전형적인 주제 전환, 붉은 청어의 오류다.

상대의 말과 개념이
이중적인지 살펴라

법칙 14. │ 동음이의어로 교묘히 반박한다

이음동의어는 동일한 개념을 표현하는 다른 낱말이다. 연결 → 결속, 결합 → 조합, 조합 → 집합처럼 낱말은 다르지만 뜻은 같은 걸 말한다. 반면 동음이의어는 같은 단어지만 다른 개념을 가졌다. '강'이라는 낱말은 같지만 흐르는 강과 힘센 강은 의미가 다르다.

쇼펜하우어는 같은 단어를 사용하지만 다른 개념을 가진 단어를 사용하라고 말한다. 청중을 의식한 기술이다. 상대를 장난기 있게 기만하라는 것이다. 결국 논쟁의 승패는 지켜보는 사람에게 있으니 어떤 방법을 사용하든 잘 속이면 된다.

적을 만들지 않고 이기는 말하기 기술

앞서 살펴본 비유를 통한 프레임과 같은 맥락이다. 쇼펜하우어가 예를 든 건 기사의 명예와 시민의 명예를 혼재해 사용하는 것이다. 기사의 명예를 훼손하는 건 모욕이고 시민의 명예를 훼손하는 건 중 상모략인데 이 둘을 섞어 사용한다. 이를테면 '모든 빛은 꺼진다-이 성은 빛이다-이성은 꺼질 수 없다'에서 '빛'의 개념을 혼재해 사용하 면서 청중을 기만하고 있다.

동음이의어 방식은 광고에서 많이 사용된다. '고려할 수 있을 때 고려하세요.' '샘은 개, 제리는 고양이, 빌리는 사람, 빌리는 사람'처럼 말이다.

그런가 하면 제품의 이름이나 광고 문구에서 동음이의어를 활용 하는 경우도 있다. 예를 들어 '청결한 물'이라는 제품이 '청결'이라는 단어를 강조하는 동시에 '청결한'이라는 단어가 '청계천'이라는 유명 한 지명과 비슷한 발음을 가지므로, 소비자는 '청결한 물'을 사용하 면 '청계천처럼 맑고 깨끗한 느낌을 받을 수 있다'라는 메시지를 전 달받는다.

어떤 정치인이 '평화'라는 단어를 사용할 때 청중은 보통 긍정적인 느낌을 받지만 맥락에 따라 '평화'라는 단어를 다르게 해석할 수도 있다. "평화로운 사회를 만들어야 한다"라는 발언은 대중에게 긍정적 인 메시지를 전달할 수 있지만, "평화를 원한다면 준비하라"라는 식 의 발언은 청중에게 경고와 도발의 메시지를 전달할 수 있다. 이 경 우 '평화'라는 단어는 동음이의어적인 효과를 이용해 청중의 감정을 다르게 유도한 것이다.

문학적 창작에선 자주 사용하는데 말장난이나 이중어로 다양한 의미를 표현할 수 있다. 시인이 '사랑'이라는 단어로 자연의 아름다움을 묘사하는 동시에 '사랑'이라는 단어가 인간 사이의 관계나 정서적인 충동을 뜻하는 것처럼 다양한 레벨에서 의미를 가질 수 있다.

작금의 논쟁에선 이 방법을 자주 사용하지 않는다. 그럼에도 상대가 쓰는 용어와 개념이 이중적이지 않은지 항상 살펴야 한다.

상대의 상대적 주장을
절대적으로 해석하라

법칙 15. │ 상대 주장을 절대적 주장으로 바꿔 해석한다

조건을 단 상대의 상대적 주장을 절대적 주장으로 해석하라는 것이다. "흑인은 검다고 하지만 치아는 하얗다. 그러므로 그는 검은 동시에 검지 않다."라고 예를 든다. 조금 어렵다. 치아에 국한된 걸 확대 해석한 것이다.

쇼펜하우어가 든 다른 예를 살펴보자.

내 주장: "내 철학은 스토아학파를 옹호한다. (주제를 바꿔) 헤겔의 저서를 보면 뜻 모를 말들이 많다."

상대 반박: "스토아학파도 헤겔과 마찬가지로 말도 안 되는 글을 쓰지 않는가?"

내 반박: "내가 스토아학파를 옹호한 건 문필가로서가 아니라 이론적 업적 때문이다. 내가 헤겔을 비판한 것도 이론적 업적에 국한된 것이다."

상대가 나의 일반적 주장을 절대적 주장으로 바꾸려는 걸 반박한 것이다. 논리적 추론 과정에 문제를 제기하는 방식이다. 상대가 제기한 논쟁 주제가 아닌 다른 걸 언급한 점이다.

상대의 논리적 일관성을 공격하는 직접적인 반박이라고 할 수 있다. 상대의 주장이나 의견을 절대적인 것으로 왜곡해 그 주장을 약화시키거나 공격하는 방법이다.

식생활에 관한 논의

A: "채소를 더 많이 먹으면 건강에 좋습니다."

B: "모든 사람이 고기나 다른 음식을 전혀 먹지 않고 오직 채소만 먹어야 한다는 건가요?"

A의 주장은 채소 섭취의 긍정적인 효과에 대한 것이지만 B는 절대적인 주장으로 왜곡해 해석하고 있다.

운동에 관한 논의

A: "매일 조깅을 하면 체력이 좋아집니다."

B: "다른 모든 운동은 체력 향상에 도움이 되지 않는다고 말하고 싶은 건가요?"

A는 조깅의 효과에 관해 말했지만 B는 다른 모든 운동을 배제하는 절대적인 주장으로 해석하려 하고 있다.

상대의 주장이 절대적인지, 상대적인지 파악해야 한다. 상대적이라면 보편적이면서 절대적인 방법으로 바꿔 약점을 찾아 공격해야 한다. 보편적이라면 구체적인 사례의 모순을 찾아 공략해야 한다. 일상 논쟁에서도 유용한 기술이다.

감성적 태도로
청중의 마음을 사로잡아라

법칙 16. │ 전문 지식이 부족한 청중을 이용하라

쇼펜하우어는 학자가 일반 청중을 대상으로 사용하는 기술이라고 말한다. 청중을 대상으로 할 땐 타당성이 부족한 주장이더라도 문제가 없다는 것이다. 청중은 전문 지식을 이해할 지적 능력을 갖추지 못했기 때문이다.

그리고 논쟁에 있어 상대를 우스꽝스럽게 만들면 된다고 말한다. 청중의 마음에 드는 이의 제기를 하면 상대는 증명하고자 지루한 설명을 해야 한다는 것이다.

쇼펜하우어가 든 예를 보자. 상대가 "산맥 형성 시 마그마가 액체

적을 만들지 않고 이기는 말하기 기술

상태로 바다로 들어갔고 온도는 200도"라고 주장하면 나는 "200도 온도라면 바닷물이 다 증발하지 않았는가"라고 답하면 된다. 청중은 웃을 것이고 상대는 비등점이라는 어려운 물리학 개념을 청중에게 납득시켜야 한다. 결국 논쟁의 승패는 청중이기 때문에 무지한 청중을 이용해야 한다.

영화 〈여인의 향기〉는 사고로 시력을 잃은 퇴역 중령 슬레이드와 그를 돕는 고등학생 찰리의 우정에 대한 이야기가 주를 이룬다. 가정 형편이 어려운 찰리는 여러 아르바이트를 전전하며 성실히 살아가고 있는데, 학생들 간에 벌어진 불미스러운 사건의 목격자가 된다. 학교 측에서 누굴 봤는지 말하라고 다그치지만 찰리는 친구를 밀고할 순 없다며 버틴다. 결국 상벌위원회가 열리고 퇴학 문제가 논의된다. 다른 학생들은 비싼 변호사를 대동하지만 찰리는 퇴역 중령 슬레이드와 함께 참석한다. 그 자리에서 슬레이드 중령은 청중을 상대로 멋지게 설득 스피치를 한다. 결국 그는 청중의 지지를 바탕으로 상벌위원들을 설득해 찰리의 퇴학을 막을 수 있었다.

그의 스피치를 보면 거칠고 감성적이다. 논리적이고 이성적으로 다가가는 게 아니라 욕까지 섞은 감성적 태도를 보여 청중의 마음을 사로잡는다.

정치 토론에서 한 정치인이 자신의 정책이 경제에 미치는 긍정적인 영향을 과장하고자 다음과 같이 말할 수 있다. "우리 정책 덕분에 실업률이 급격히 감소하고 있습니다." "다른 모든 나라가 우리의 정책을 따라 하려고 합니다." "경제 전문가들 모두가 우리의 정책을 지지하고 있습니다."라고 말이다. 그는 청중이 경제 지표나 다른 나라의 상황에 대해 잘 알지 못한다는 점을 이용해 반복적으로 과장된 주장을 펼쳤다.

청중은 전문 지식이 부족하기 때문에 이런 주장을 사실로 받아들이기 쉽다. 실제로는 실업률이 다른 요인들로 감소했거나, 다른 나라들이 해당 정책을 따르지 않거나, 경제 전문가들 사이에 다양한 의견이 있을 수 있지만 말이다.

광고 사례를 보자. 한 건강 보조 식품 회사가 자사 제품의 효능을 과장하고자 다음과 같이 광고할 수 있다. "이 제품을 사용하면 면역력이 200% 증가합니다." "전 세계 의사들이 이 제품을 추천합니다." "사용자의 99%가 만족했습니다."처럼 말이다.

회사는 청중이 면역력 측정 방법이나 전 세계 의사들의 실제 추천 여부, 만족도 조사 방법 등에 대해 잘 알지 못한다는 점을 이용해 반복적으로 과장된 주장을 펼쳤다.

실제로는 면역력 증가가 과학적으로 입증되지 않았거나, 의사들의 추천이 특정 조건에 한정되거나, 만족도 조사가 신뢰할 수 없는 방식으로 이뤄졌을 수 있지만 말이다.

상대를 이기기 위해 주변 사람을 이용하는 것도 방법이다. 한참 말하다가 갑자기 제삼자에게 묻는 것이다. "너는 어떻게 생각해?"라고 말이다. 물론 그 전에 논리적인 타당성을 확보하는 게 우선이다.

적을 만들지 않고 이기는 말하기 기술

상대의 과거 행동, 말, 주장으로 반박하라

법칙 17. | 상대의 말과 행동에서 모순되는 지점을 찾는다

상대의 주장이 이전에 주장하거나 시인한 내용과 모순되진 않는지, 그가 칭송하는 학파 혹은 종파 심지어 사이비 종파의 주장까지 들이밀어 공격하는 전략이다. 이를테면 상대가 자살을 옹호할 때면 "왜 당신은 자살하지 않습니까?"라고 반박하고, 상대가 베를린이 불편한 도시라고 주장하면 "왜 당신은 베를린을 떠나지 않습니까?"라고 반박하라는 것이다. 조금은 억지스럽고 극단적이다.

핵심은 과거의 행동, 말, 주장 등으로 현재의 주장을 반박하는 것이다. 이 기술을 사용하면 어쨌든 상대의 주장을 저지할 수 있는 트

집거리 하나 정도는 만들 수 있다는 게 쇼펜하우어의 생각이다.

상대의 말과 행동의 모순점을 가장 빈번하게 찾는 곳은 아마 국회가 아닐까 싶다. 국회 인사청문회, 국회 대정부 질문 등을 보면 국회의원들은 후보자나 장관들에게 다양한 질문을 던지거나 과거 자료를 가져와 추궁한다. 부부 싸움에 있어서도 통상 부인이 남편의 모순점을 지적하며 논리적 우위를 점한다. 과거에 한 행동들, 특히 약속들은 족쇄가 되어 돌아온다.

그렇다면 상대가 나의 과거 모순점으로 공격한다면 어떻게 할 것인가? 아리스토텔레스는 논쟁의 명제를 세 가지로 구분했다. 과거에 집중하는 사법적 명제, 현재에 집중하는 제의적 명제, 미래에 집중하는 정책적 명제가 그것이다.

법정 스피치를 보면 과거 잘못에 대해 논의한다. 그래서 상대의 잘못을 밝혀내는 과정인 것이다. 제의적 명제는 현재의 행사라고 이해하면 된다. 기쁘고 즐거운 분위기를 말한다. 현재가 중요한 것이다. 정책적 명제는 미래 가치에 대한 논의다. 앞으로 어떻게 할 것인가.

상대가 나를 공격하는 건 사법적 가치에 근거한 공격이다. 즉 과거에 집중하고 있다는 것이다. 그럴 때는 시점을 미래로 옮기는 게 유리하다. 과거 문제로 집요하게 공격한다면 소극적으로 인정한 후 이렇게 말하라. "그럼 이제 내가 어떻게 하면 좋을까?"라고 말이다. 그런가 하면 '나'라는 표현보다 '우리'라는 표현이 더 낫다. 상황에 따라 "그럼 우리는 어떻게 하는 게 좋을까?"라고 방향을 전환하자.

적을 만들지 않고 이기는 말하기 기술

상대의 이야기로
상대에게 역공을 취하라

법칙 18. | 상대의 논거를 역이용해 반격한다

상대가 이용하려는 근거를 역으로 이용해 상대를 공격한다. 상대의 이야기를 바탕으로 역공을 취하는 되짚기 기술이다.

"그는 어린아이입니다. 그렇기 때문에 정상 참작이 필요합니다."라고 주장한다면 "바로 그가 어린아이이기 때문에 혼나야 합니다. 나쁜 버릇이 생길 수 있으니까요."라는 식으로 반격하는 것이다.

"학생이니까 성적이 나쁜 건 이해할 수 있습니다. 아직 배우는 중이니까요."라고 주장한다면 이렇게 반격할 수 있다. "학생이기에 더 높은 성적을 요구해야 합니다. 학습의 중요성을 어릴 때부터 인식하고 좋은 학습 습관을 형성하는 게 필요합니다. 성적이 낮을 때 적절한 조치를 취하지 않으면 나중에 더 큰 문제로 이어질 수 있습니다."라는 식으로 말이다.

직장에서도 가능하다. 상대가 "그는 신입사원이니까 실수를 이해해줘야 합니다. 아직 배우는 중이니까요."라고 말한다면 "그가 신입사원이기 때문에 더 엄격히 지도해야 합니다. 처음부터 엄격한 기준을 적용하면 이후에 있을 더 큰 실수를 예방할 수 있습니다. 초기의 잘못을 바로잡는 게 그의 미래 직장 생활에 큰 도움으로 작용할 것입니다."라고 반격하는 것이다.

상대의 주장에 대해 논리적으로 반대되는 입장을 제시함으로써 주장의 타당성을 약화시키거나 새로운 시각을 제시하는 데 효과적이다. 청중이 다양한 관점에서 문제를 바라보고 보다 균형 잡힌 결론을 도출할 수 있도록 유도할 수 있다.

효율적인 에너지 사용에 관한 논의

A: "전기 자동차는 환경 보호를 위해 가장 좋은 선택입니다. 화석 연료를 사용하지 않기 때문이죠."

B: "전기 자동차의 배터리 생산과 폐기 과정이 환경에 해로운 영향을 주지 않나요? 당신의 주장대로라면 그 과정도 환경 문제의 원인이 될 수 있습니다."

적을 만들지 않고 이기는 말하기 기술

B는 A의 논거를 역이용해 전기 자동차가 환경에 무해하다는 주장에 의문을 제기하고 있다.

건강한 식생활에 관한 논의
A: "유기농 식품은 화학 물질을 사용하지 않아 건강에 좋습니다."
B: "유기농 농장에서도 퇴비나 화학 물질이 아닌 살충제를 사용하지 않습니까? 그것들도 몸에 해로울 수 있지 않을까요?"

B는 A의 주장을 기반으로 유기농 식품이 100% 안전하다는 개념에 도전하고 있다.
이런 식으로 상대의 주장을 그대로 받아 역공을 취하는 것이다.

하나의 반증 사례로
상대를 제압할 수 있다

법칙 19. | 단 하나의 반증 사례만으로 상대를 제압한다

상대의 주장이 전반적으로 맞다 할지라도 하나의 반증 사례만 있으면 상대를 이길 수 있다는 것이다. 쇼펜하우어는 '현행범 체포식'이라고 표현했다. 제기된 보편적인 결론에 부합되지 않는 단 하나의 사례만 있으면 된다고 봤다. '되새김질하는 동물인 반추동물에는 뿔이 있다'라는 주장은 낙타라는 반증 사례 하나만 있으면 된다.

반대로 상대가 반증 사례를 제기할 때는 그 사례가 진실인지 확인할 필요가 있다고 조언한다. 실제하지 않은 사례를 들어 문제를 제기하진 않는지 살펴야 한다는 것이다. 즉 속임수가 있을 수 있으니 살

적을 만들지 않고 이기는 말하기 기술

피라는 말이다.

우선 제시된 사례가 참인지 거짓인지 파악해야 한다. 기적 이야기나 유령 이야기가 수없이 많기 때문이다. 또한 제시된 사례가 토론 주제와 관련되어 있는지, 즉 진리 개념 안에 있고 진리성과 모순되진 않는지 확인해야 한다. 사례의 타당성과 신뢰성을 검증하라는 것이다. 타당성은 주제에 부합하는지, 신뢰성은 거짓이 있는지 말이다.

이를테면 신이 있다고 주장하는 사람에겐 신실한 신자가 끔찍한 일을 당한 것을 언급하며 신이 있다면 어찌 이런 일이 생길 수 있는지 묻는다.

반증 사례를 찾기 위해선 상대 주장뿐만 아니라 근거들에 대해서도 잘 알고 있어야 한다. 물론 그 사례는 타당해야 한다. 그렇지 않다면 역공을 당할 수 있다. "아니, 그것도 확인하지 않고 이런 말씀을 하시는 거예요?"라며 말이다.

상대가 특정 부분으로 공격하면 일반화하라

법칙 20. | 사안을 일반화해 보편적 관점에서 반박하라

상대가 특정 부분을 공격하면 일반화시켜 반박하라는 것이다. 일명 '추상의 사다리 전략'이다.

상대가 자기 주장의 특정 부분에 대해 이의를 제기하면 사안을 일반화시켜 반박하는 게 좋다. 이를테면 상대가 왜 특정 물리학 가설을 받아들이지 않느냐고 물으면 인간 지식의 허위성에 대해 말하며 잡다한 사례를 제시하라.

직장 내 근무 시간에 관한 논의

A: "우리 팀의 생산성이 낮은 이유는 직원들이 너무 늦게 출근하기 때문입니다."

B: "전 세계적으로 수많은 기업이 유연 근무제를 도입하면서 생산성이 올라가고 있죠. 문제는 출근 시간이 아니라 작업 방식이나 환경, 기업 문화 등 여러 요인에 있을 수 있습니다."

B는 A의 주장을 보편적인 관점에서 일반화해 다양한 요인들을 고려하게 만들었다.

교육과 성적에 관한 논의

A: "학생들이 점수를 높이기 위해서만 공부하는 경향이 있습니다."

B: "전 세계적으로 대부분의 교육 시스템이 성적 중심으로 운영되고 있죠. 단순히 학생들의 문제가 아니라 교육 시스템 자체의 문제로 볼 수 있을 것 같습니다."

B는 학생들의 성적 중심적인 태도를 보편적인 교육 시스템의 문제로 일반화해 반박하고 있다.

기업의 환경 보호 활동에 관한 논의

A: "이 기업이 환경 보호 활동을 하고 있다고 해서 환경을 진정으로

생각하는 건 아니죠. 이미지 개선의 일환일 뿐입니다."

　B: "전 세계적으로 수많은 기업이 환경 보호 활동에 참여하고 있고 그로 인해 환경에 긍정적인 변화가 일어나고 있죠. 이미지 개선 목적만으로는 이런 변화를 이루기 힘듭니다."

　B는 기업의 환경 보호 활동을 보편적인 관점에서 바라보며 환경 보호의 중요성과 그로 인한 긍정적인 변화를 강조하고 있다.

　　　　　　　　적을 만들지 않고 이기는 말하기 기술

상대의 주장을 뭉뚱그려
혐오의 범주에 넣어라

법칙 21. | 상대의 주장을 이미 반박된 범주 속에 집어넣는다

한마디로 프레이밍, 즉 틀 짓기를 하는 것이다. "그건 관념론이야, 범신론이야, 미신이야." 하는 식으로 상대의 주장을 뭉뚱그려 안 좋은 범주에 집어넣는 것이다. 상대의 주장이 혐오의 범주에 들어가 있거나 느슨한 관련성만 있으면 된다.

범주에 넣는다는 건 두 가지를 가정하고 있다. 우선 상대의 주장이 청중이 싫어하는 범주 안에 들어가 있다는 걸 각인시키며 나아가 이 범주는 이미 나쁜 것이므로 어떤 진리도 담을 수 없다는 것이다. 이를테면 "너는 진보 좌파야, 너는 꼴통 보수야." 하는 식으로 상대의

주장을 틀 짓기해버리는 것이다.

커뮤니케이션 이론 중 '의제 설정 이론(Agenda Setting Theory)'이 있다. 미디어가 자주 다루는 주제를 일반 사람들이 중요하다고 인식한다는 것이다. 즉 무엇을 제시하는지가 중요하다.

반면 '프레이밍 이론'은 정보가 어떻게 제시되는지에 따라 사람들의 생각이 달라진다는 것이다. 상대의 개별 사안을 공략하는 게 아니라 상대 전체를 싸잡아 혐오의 범주로 몰아가는 방법이다.

만약 상대가 나를 진보 좌파 혹은 보수주의자로 틀 짓기를 시도한다면 어떻게 해야 할까? 그 틀에서 가급적 빠르게 벗어나는 게 중요하다. "당신은 너무 극단적이네요. 어떻게 사람을 그렇게 단정 짓고 매도할 수 있나요?"라는 식으로 말이다. 상황과 사람을 이분법적으로 구분하는 게 얼마나 어리석은 짓인지 알려야 한다.

적을 만들지 않고 이기는 말하기 기술

개별 근거, 증거 하나로
전체를 공략하라

법칙 22. | 틀린 증거를 빌미 삼아 정당한 명제까지 반박한다

전체 주장이 아닌 개별 근거 혹은 증거 하나로 전체를 공략하는 방법이다. 쇼펜하우어는 가장 중요한 기술 중 하나라고 강조한다. 상대의 논거가 정당성이 있지만 증거를 잘못 선택한 경우 바로 반박해야 한다. 청중의 입장에선 논거 자체가 반박된 것처럼 보인다.

이를테면 형편없는 변호사는 유리한 소송에서 잘못된 법률 조항을 가져와 반박하는데 그 조항 하나가 재판 결과를 좌지우지할 수 있다는 것이다.

기후 변화에 관한 논의

A: "기후 변화는 현실이며 수많은 연구와 데이터가 증명하고 있습니다. X 연구에서 지난 10년 동안의 온도 상승을 지적했습니다."

B: "X 연구는 데이터 처리 과정에서 오류가 있었다고 밝혀졌습니다. 따라서 기후 변화는 사실이 아닙니다."

B는 X 연구의 특정 오류를 기반으로 기후 변화의 전체 주장을 반박하려고 시도하고 있다.

건강 보조제에 관한 논의

A: "이 보조제는 건강에 좋습니다. 수많은 사람이 이 보조제를 복용해 효과를 봤고 Y 연구에서도 효과를 확인했습니다."

B: "Y 연구는 샘플 크기가 작아 신뢰하기 어렵습니다. 그러므로 그 보조제가 건강에 좋다는 주장은 사실이 아닙니다."

B는 Y의 한계를 지적하며 보조제 전체의 효과를 부정하고 있다.

나의 틀린 증거를 바탕으로 상대가 공격하고 확대해석하려 하면 재빠르게 반박해야 한다. 나의 증거가 부족하다는 걸 인정하고 빠르게 다른 증거를 가져오는 게 현명하다. 인정하지 않고 방어하려다가는 신뢰까지 잃을 것이기 때문이다. "내가 착각해서 잘못 말한 것 같아. 정정할게. 사실은 ~" 하는 식으로 방어하는 게 좋다.

상대의 궤변에는
더한 궤변으로 받아쳐라

법칙 23. | 상대의 궤변에는 궤변으로 맞선다

상대가 겉으로만 그럴듯하게 보이거나 혹은 상대의 궤변에 가까운 주장을 간파했다면 허점을 공격하는 게 좋다. 하지만 상대가 다시 궤변으로 내 주장을 반박한다면 궤변으로 맞설 필요가 있다.

토론에서 중요한 건 진리를 찾는 게 아니라 이기는 것이기 때문이다. 그렇다면 상대의 궤변에는 궤변으로 맞서는 게 더 낫다. 상대가 논점에서 벗어난 논거를 들고 오면 나도 같은 방식으로 공격하라.

그렇지만 개인적으로 상대가 말도 안 되는 소리를 한다고 나도 똑같은 방법으로 대응하는 게 효과적인 방법이라 생각하진 않는다. 차라리 상대가 내놓는 궤변의 문제점을 조목조목 반박해 상대를 화나게 만들어 평정심에 타격을 주는 게 더 효과적이라고 생각한다. 상대의 궤변에 궤변으로 맞서면 말싸움으로 치달을 확률이 높고 나의 심신도 쉽게 지칠 수 있다.

상대가 논쟁적으로 나올 땐 이성적으로 대응하는 게 효과적이다. 오랜 시간 말싸움을 하는 것보다 이성적이고 세련된 스피치로 상대를 압도하는 게 중요하다. 물론 상대가 비아냥거리거나 깐죽거리며 나를 자극할 수 있지만 끝까지 이성을 지키고 유지하는 게 더 지혜로운 것이다.

적을 만들지 않고 이기는 말하기 기술

.

"——————————————

3장

결론을 이끌어내는
말하기 기술

——————————————"

나의 말을 뒤섞어 인정하게 유도하라

법칙 24. | 상대가 나의 결론을 미리 예측하지 못하게 한다

대화 중 상대를 혼란에 빠트려 내가 세운 전제들을 개별적으로 인정하게 유도하라. 전제들에 대한 또 다른 전제를 제시하고 순서도 뒤죽박죽 만들어 상대가 나의 의중과 결론을 알아차리지 못하게 하라. 일부러 말을 뒤섞어 상대의 정신을 혼란스럽게 하고 전제의 전제를 말하며 정신없게 하라.

결국 뻔뻔함이 필요하다. 핵심은 상대에게 질문을 던져 무엇이든 인정하게 하는 것이다. 앞서 강조한 것처럼 개별 사안을 두고 '예'라고 인정하는 순간 사람들은 주장 전체를 인정한 것으로 받아들인다.

질문이 아니라면 나의 이야기를 일방적으로 혼란스럽게 해 상대가 나의 의중을 모르게 하는 것이다. 쇼펜하우어는 내 주장의 전제와 주장을 순서대로 말하지 말고 뒤죽박죽 뒤섞어 상대의 시인을 받아내라고 말한다.

기업 정책에 관한 논의

A: "우리 회사는 지속 가능한 환경 정책을 채택하는 게 중요합니다. 수많은 기업이 이 정책에 투자하고 있고 소비자들도 지속 가능한 제품을 선호하고 있습니다."

B: "환경친화적인 제품, 물론 중요합니다. 그런데 우리 회사의 제품 패키지 디자인을 바꾸는 건 생각해봤나요? 현대 소비자들은 패키지에도 관심이 많죠."

A는 B가 환경 정책에 대해 주장할 거라고 예상하고 있었지만, B는 A가 예상하지 못한 패키지 디자인의 주제로 방향을 틀었다. 상대가 예측하지 못한 방향으로 인도한 것이다.

교육 시스템에 관한 논의

A: "오늘날의 교육 시스템은 학생들의 창의력을 억제하고 있습니다. 표준화된 시험 중심의 교육 방식 때문입니다."

B: "시험 중심의 교육 방식, 물론 문제입니다. 그런데 교사들의 연

수와 훈련은 어떤가요? 교사들이 잘 준비되어 있지 않다면 교육 방식을 바꾸는 것만으로는 문제가 해결되지 않을 것 같습니다."

　B는 A의 주장을 인정하는 듯한 반응을 보이면서도 A가 예상하지 못한 교사 연수의 문제로 주제를 전환한다.
　상대가 중언부언하고 두서없이 질문한다면 상황을 정리할 필요가 있다. "그래서 말하고자 하는 바가 뭐야?" "주장의 핵심이 뭐야?" 하는 식으로 상대가 스스로 정리하도록 유도해 코너에 모는 것도 좋은 방법이다.

적을 만들지 않고 이기는 말하기 기술

중구난방의 질문으로
결론을 이끌어라

법칙 25. | 결론을 이끌어내는 질문은 두서없이 한다

결론을 이끌어내는 데 필요한 질문은 체계적일 필요가 없다. 중구난방으로 질문해 상대가 그 질문으로 내가 무엇을 원하는지 눈치채지 못하게 해야 한다. 그리고 두서없이 질문하면 상대가 내 주장과 결론을 예측하지 못하고 사전 대비도 어렵다. 그로부터 얻어낸 대답들로 여러 가지 결론을 이끌어낼 수 있다. 경우에 따라 정반대의 결론을 이끌어낼 수도 있다.

선거 토론에서 주로 사용하는 방법이다. 지난 대선에서 한 후보가 다른 후보에게 질문했다. "RE100이 무엇인지 알고 계십니까?" "버스

요금이 얼마인지 알고 계십니까?"라고 말이다. 상대의 무능을 부각시키는 전략이다. 특히 전문 용어를 물어본 후 모른다고 하면 그 분야 전체를 모른다는 식으로 몰아간다.

이를테면 RE100은 재생 에너지를 100% 사용하는 정책을 말하는데, 관련된 질문을 던지고 제대로 된 답변이 돌아오지 않으면 상대를 환경 문제에 대해 잘 모르는 사람으로 만드는 것이다.

선거 토론뿐만 아니라 우리는 알게 모르게 이 방법을 자주 사용한다. "000에 대해 아세요? 아니, 그것도 모르면서 어떻게 사업을 한다고 하시나요?"라는 식으로 말이다.

적을 만들지 않고 이기는 말하기 기술

논리적으로
불가능한 결론을 도출하라

법칙 26. | 참 전제가 안 통하면 거짓 전제로 결론을 도출한다

참 전제로부터 거짓 결론이 나올 순 없지만, 참된 결론은 거짓 전제에서 도출될 수 있다고 말한다. 조금 더 쉽게 설명해보겠다.

우선 상대가 참 전제를 인정하지 않을 경우 거짓 전제를 사용하라. 그리고 상대의 실책을 이용해 내게 유리하게 이끌어라. 상대의 주장을 인정하고 그 중 거짓 전제를 제시해 상대가 인정하도록 만드는 것이다. 상대가 참이라고 믿는 거짓 전제는 바로 반박이 가능하다.

이를테면 상대가 인정받지 못하는 특정 종파의 추종자라면 그 종파의 교리를 전제로 사용해 상대를 궁지로 몰 수 있다. 상대의 주장

이 사실이라고 가정하고 그로부터 논리적으로 불가능한 결론을 도출해 상대를 무력화시키는 것이다. 이를테면 이런 식이다.

A: "모든 새는 날 수 있습니다."
B: "펭귄도 날 수 있겠네요?" (거짓 전제)
A: "아, 펭귄은 날지 못하는군요."
B: "모든 새가 날 수 있다는 주장은 틀렸네요."

설탕이 건강에 해로운지 아닌지에 대해 논의 중이다.

A: "설탕은 건강에 매우 해롭습니다. 다양한 질병의 원인이 되죠."
B: "많은 건강 음료나 식품에 설탕이 들어 있습니다. 그런 음료나 식품들이 왜 시장에 나와 있을까요?"
A: "맞습니다, 그런 제품이 시장에 나와 있죠. 그렇다고 그 제품들이 건강에 좋다는 건 아닙니다. 마케팅 전략일 뿐이죠. 그래서 설탕이 들어간 제품을 구매할 때는 성분을 확인하는 게 좋습니다."

A는 최초의 주장이 B에게 받아들여지지 않자 오히려 B의 주장을 받아들여 새로운 결론을 도출했다. A는 B의 주장을 받아들이되 그 주장의 한계를 지적하며 자신의 의견을 재확인한 것이다.

적을 만들지 않고 이기는 말하기 기술

상대의 주장을
허무맹랑하게 바꿔라

법칙 27.　│　거짓 추론과 왜곡으로 억지 결론을 끌어낸다

상대가 사용한 개념에 대한 거짓 추론과 왜곡으로 상대의 주장에 포함되어 있지도 않고 상대의 의견도 아니며 오히려 위험하기까지 한 주장을 억지로 가져와라. 이런 상황에선 상대의 주장으로부터 객관적인 진리 또는 진리와 부합되지 않는 결론이 도출된 것처럼 보인다. 결국 거짓 추론과 왜곡으로 상대의 주장을 허무맹랑한 내용으로 바꾸라는 것이다. 그러면 사람들은 상대의 주장이 진리와 부합되지 않다고 느낄 것이다. 쇼펜하우어는 근거가 될 수 없는 걸 근거로 상대를 기만하는 기술이라고 말한다.

식품 첨가물에 관한 논의

A: "이 첨가물은 자연에서 발견되는 성분이에요."

B: "100% 안전하겠네요!"

B는 '자연에서 발견되는 성분'이 항상 '안전하다'는 거짓 추론을 사용한다.

유명 인사의 행동에 관한 논의

A: "유명 가수가 이 브랜드의 옷을 자주 입어요."

B: "그 브랜드의 옷은 품질도 좋고 모든 사람이 좋아할 거예요."

B는 유명 인사의 선택이 일반 대중의 선택과 항상 일치한다는 왜곡된 논리를 사용한다.

적을 만들지 않고 이기는 말하기 기술

내가 원하는 방향으로 결론을 내려라

법칙 28. | 근거가 되지 않는 답변도 결론의 근거로 삼는다

쇼펜하우어의 표현에 따르면 철면피처럼 뻔뻔하게 상대를 공격하는 기술이다. 우선 상대에게 여러 질문을 던진 후 원하는 답이 나오지 않았음에도 증명된 것처럼 행동해야 한다. 상대의 답변을 토대로 관계가 없더라도 내가 원하는 방향으로 결론을 내리라는 것이다. 그리고 마치 증명된 것처럼 의기양양한 태도를 취하라.

상대가 소심한 성격이거나 머리가 나쁜 반면 나는 철면피처럼 뻔뻔스러울 때 가장 효과적이다. 특히 목소리가 크면 이 기술이 더 잘 먹힐 것이다.

'가는 말이 험하면 오는 말이 곱다'는 비상식적인 커뮤니케이션 상황을 잘 보여준다. 이를테면 교통사고가 발생했을 때 상대를 정확히 모르는 상황에선 무조건 우긴다, 특히 목소리가 크면 유리하다는 생각이다. 너무 예의 바르게 대하면 상대가 나를 무시하고 윽박지를 수도 있기 때문이다. 쇼펜하우어는 상대를 제압하기 위해선 수단과 방법 가리지 말고 철면피처럼 행동하면서 크게 말하라고 조언한다.

개인적으로 이 방법을 권하진 않는다. 내가 원하는 답이 나오지 않았는데 그 답을 근거로 결론을 내리면 역공당할 것이다. 여러 질문을 던져 상대가 정신을 차리지 못하면 괜찮겠지만 아무 답변으로 결론을 내리기에는 위험 부담이 너무 크다. 쇼펜하우어가 인간을 얼마나 사악하고 몰지각하게 봤는지 알 수 있는 대목이기도 하다.

적을 만들지 않고 이기는 말하기 기술

상대의 대답을
임의로 확대해석하라

법칙 29. │ 개별 사안의 시인을 보편적 진리의 시인으로 간주하라

임의대로 확대해석하라는 것이다. 귀납적 방법, 즉 여러 사례를 제시해 결론을 내리려 할 땐 상대가 하나의 개별 사안이라도 시인하면 결론으로 몰아가라. 보편적 진리 혹은 상대 주장의 진위를 묻지 말고 결론을 내려라. 청중도 그런 인상을 받을 것이다. 개별 사안에 대한 내 주장과 질문을 상대가 기억하기 때문이다. 이 방법 역시 권하진 않는다. 논리적 추론이 빠진 뻔뻔한 기술에 불과하다. 상대의 대답을 확대해석해 다른 방향으로 몰아간다고 상대가 순순히 받아들이진 않을 것이다. 특히 논쟁 초입 단계에선 즉각 반박할 것이다.

상대가 일부 시인하면 결론을 빨리 내려라

법칙 30. | 몇 가지 전제들의 시인만으로 얼른 결론을 내린다

상대에게 집요하게 질문하고 일부라도 시인하면 더 이상 묻지 말고 결론을 내리는 것이다. 설령 내게 필요한 전제들 가운데 한두 가지의 전제에 대해선 시인을 받지 못했더라도 빠르게 내게 유리한 쪽으로 결론을 내려라.

상대가 몇 가지를 시인했다면 이런 식으로 활용할 수 있다. "이런 내용을 인정하셨는데요. 당신의 주장을 OOO으로 봐도 될까요?"라고 말이다. 물론 상대는 부정하겠지만 인정한 몇 가지 사실을 상기시킴으로써 상대를 위축되게 만들 수는 있을 것이다.

개별 사안들에 대한 질문을 무작위로 던져 몇 가지 시인을 받아낸 후 결론을 이끌어내는 것이다. 경찰이 용의자의 알리바이를 물을 때도 이런 식의 방법을 사용한다. 알리바이 중 애매한 한두 가지 시인을 받아내고 용의자를 범인이라고 추궁하는 것이다.

" ————————————

4장

위기에서 탈출하는
말하기 기술

———————————— **"**

상대가 공격할 때
주장을 쪼개 방어하라

법칙 31. | 반격당한 부분을 세밀하게 구분해 위기를 모면한다

쟁점이 이중적 의미 혹은 이중적 의미가 내포되어 있을 때 사용할 수 있는 기술이다. 상대가 공격할 때 나의 주장을 쪼개 방어하는 것이다. 이를테면 어떤 사안에 대해 왜 지지했는지 물어보면 상황 논리를 들어 방어한다. 관련된 예를 들여다보자.

기업의 환경 정책에 관한 논의

A: "우리 회사는 지속 가능한 환경 정책을 갖고 있습니다. 매년 탄소 배출량을 줄이고 있습니다."

　　　　　　　　　　　　적을 만들지 않고 이기는 말하기 기술

B: "그런데 지난해에는 탄소 배출량이 증가했습니다."

A: "그건 특별한 경우였습니다. 지난해에는 대규모 프로젝트를 진행해 더 많은 자원을 사용했기 때문입니다. 더구나 그 프로젝트는 더 많은 친환경 제품을 생산하기 위한 것이었죠."

A는 B의 반격에 대응하고자 세부 상황을 설명하고 초기 주장의 유효성을 지키려고 했다.

교육 방식에 관한 논의

A: "자기 주도 학습은 학생들의 독립성을 향상시킵니다."

B: "하지만 많은 학생이 지침 없이 어떻게 학습해야 할지 몰라 방황하고 있습니다."

A: "학생들이 자기 주도 학습을 처음 시도할 때의 일시적인 반응일 수 있습니다. 시간이 지나면 어떻게 학습해야 할지 알게 될 겁니다."

A는 B의 반격을 구체적인 시점으로 구분해 회피하려고 했다.

식품 첨가물에 관한 논의

A: "이 첨가물은 안전하게 검증되었습니다."

B: "하지만 일부 연구에선 그 첨가물이 건강에 좋지 않다는 결과가 나왔다고 들었습니다."

A: "그 연구는 특정 상황에서 과다한 양의 첨가물을 섭취했을 때의 결과를 보여주는 것이었죠. 일반적인 양을 섭취하면 문제 되지 않습니다."

A는 B의 반격을 세부 조건과 상황으로 구분해 대응했다.

주로 토론에서 사용하는 고급 기술이다. 내 주장이 역공당하면 내 주장의 한계성을 말한다. 즉 내 주장은 특정 조건을 전제로 했다고 말하는 것이다.

적을 만들지 않고 이기는 말하기 기술

논쟁에서 질 것 같으면 빠르게 회피하라

법칙 32. | 상황이 불리하다 싶으면 재빨리 쟁점을 바꾼다

상대가 내 주장을 물리칠 확실한 논거를 가졌다고 판단하면 논쟁을 중단시키거나 빠르게 방향을 바꿔라. 논쟁은 진리 추구가 아니라 이기는 게 목적이니 질 것 같으면 회피해야 한다.

쇼펜하우어의 원문을 보자. "상대가 내 주장을 물리칠 만한 논거를 손에 쥐었다는 낌새를 포착했다면 상대가 논증을 끝까지 밀고 가도록 내버려둬선 안 된다. 적절한 때를 잡아 논쟁을 중단하거나 뛰어넘어야 한다. 혹은 34번 법칙을 참조하라." 참고로 34번 법칙은 '질 것 같으면 진지한 태도로 갑자기 딴소리를 한다'이다.

몇 해 전 개헌에 관한 토론이 있었다. 여당 측 인사가 개헌의 타당성에 대해 말하는데 법조인 출신의 야당 측 인사가 법률 조항 해석의 문제를 제기한다. 그리고 "법을 잘 모르셔서 그러시는데요."라며 치명타를 날린다. 그러자 궁지에 몰린 여당 측 인사가 재빨리 방향을 바꾼다. 자신이 이 조항에 대해 말한 건 그런 의도가 아니라면서 왜 야당 측은 법 조항이 공표되었을 때 살폈어야지 게으르게 살펴보지도 않다가 지금에서야 문제를 제기하냐고 역공을 펼친다.

이슈를 쪼개고 방향을 바꾼 것이다. 선거 토론에서 자주 볼 수 있는 게 자신에게 불리한 내용에 대해선 뻔뻔하게 침묵하고 재빨리 다른 논제를 제기하는 모습이다. 그런가 하면 현실에서도 많이 쓴다. "아 됐고, 다른 이야기하자."라면서 말이다.

적을 만들지 않고 이기는 말하기 기술

상대의 논거를
순환논법이라고 쏘아붙여라

법칙 33. │ 상대에게 유리한 논거는 순환논법이라고 몰아붙인다

3번 법칙이 순환논법(먼저 증명되어야 할 주장을 기정사실화해 지금 하고 있는 논쟁의 전제 조건으로 삼는 것)을 내가 사용하는 거라면 33번 법칙은 상대의 논거를 순환논법이라고 몰아붙이는 것이다.

결론과 관련된 문제에 대해 시인을 요청하면 상대가 순환논법을 사용하고 있다고 거절하라. 청중은 지적 능력이 떨어지기 때문에 비슷한 용어만 나와도 똑같은 것으로 이해한다.

A: "예술은 그 자체로 가치가 있습니다. 사람들이 감상하기 때문입니다."

B: "그건 순환논법입니다. 사람들이 예술을 감상한다는 이유로 예술에 가치가 있다고 주장하는 건 예술이 가치가 있다는 주장 자체에 의존하고 있는 게 아닙니까?"

A: "이 기업이 성공한 이유는 좋은 리더십 덕분입니다. 좋은 리더는 항상 성공적인 기업을 이끌기 때문입니다."

B: "그거 순환논법 아닌가요? 이 기업이 성공한 이유를 좋은 리더십 때문이라고 말하는 건 결국 자신의 주장을 근거로 삼고 있는 게 아닙니까?"

적을 만들지 않고 이기는 말하기 기술

불리하면 화제를 바꿔 뻔뻔하게 굴어라

법칙 34. | 질 것 같으면 진지한 태도로 갑자기 딴소리를 한다

질 것 같으면 화제를 바꿔 원래부터 본 사안인 것처럼 뻔뻔하게 말하라. 전환된 화제가 논쟁과 조금이라도 관계가 있다면 다행이지만, 관계가 없다면 뻔뻔함으로 일관해야 한다는 것이다. 이런 논쟁의 방향 전환을 인신 공격과 논증의 중간 단계라고 한다.

가장 치졸한 방법은 인신 공격이다. 논제가 아닌 상대방 자체를 두고 몰아붙이기 때문이다. 하지만 논쟁에서 지지 않기 위해선 사용해야 한다. 딴소리를 할 때는 이렇게 표현하라고 조언한다. "좋아요, 얼마 전에 이런 주장을 하시지 않았나요?"라고 말이다.

인신 공격에 대해서도 조언한다. 말싸움을 살펴보면 선천적으로 인신 공격 기술을 지니고 있었을 거라고 본다. 인신 공격을 가하면 상대는 논리적으로 반박하는 게 아니라 또 다른 인신 공격으로 반박한다. 자신에게 가해진 인신 공격에 대해 아무런 조치도 취하지 않은 채 시인하는 듯한 인상을 주는 것이다. 이를테면 상대가 "넌 너무 구두쇠야."라고 쏘아붙였을 때 "너는 욕심쟁이야."라고 답했다면 내가 구두쇠임을 인정하는 꼴이다.

인신 공격을 당했을 때 상대에게도 똑같이 대응하는 건 결코 좋지 않다. 상대의 인신 공격을 시인하는 꼴이 되기 때문이다. 무엇보다 인신 공격이 이뤄지면 청중은 둘 다 나쁘다고 생각할 것이다.

하여 인신 공격을 당했을 땐 바로 맞받아치기보다 상대의 공격을 방어하면서도 적절한 공격이 필요하다. 인신 공격에 인신 공격으로 맞대응하는 건 부득이한 경우에만 해야 한다.

개인적으로 이 방법도 권하진 않는다. 상대가 미쳤다고 나도 미친 척하는 건 어리석은 방법이다. 앞서 살펴본 전략적 화제 전환, 즉 화제를 부드럽게 바꾸거나 반박 후 화제를 전환하는 건 그럴 듯해보이지만 무턱대고 딴소리를 하는 건 내 이미지에만 상처를 입을 뿐이다.

기억해야 할 건 인신 공격을 받았을 때 인신 공격으로 되받아치면 나의 인신 공격을 해명할 기회를 잃는다는 것이다. 상대가 이성을 잃고 나를 공격한다면 적절하게 방어한 후 상황을 봐서 공격하는 게 현명하다.

적을 만들지 않고 이기는 말하기 기술

반론을 제기하지 못하겠으면
바보가 되어라

법칙 35. | 반론할 게 없으면 무슨 소리인지 모르겠다고 말한다

　상대가 제시한 근거에 대해 반론을 제기할 방법이 없을 경우, 미묘한 반어법으로 자신이 무식해서 무슨 소리인지 모르겠다고 말하라고 조언한다. 이 방법은 권위자일 때 효과적이다. 즉 청중이 나를 명망 있는 사람이라고 인정할 때 효과적인 것이다.

　쇼펜하우어의 주장은 교수와 제자 정도의 관계에서 큰 힘을 발휘한다. 나를 존경하는 청중에게 상대의 주장이 허튼소리라는 걸 알리는 것이다.

　그는 칸트의 『순수이성비판』을 예로 든다. 실제로 칸트의 『순수이

성비판』이 출간되었을 때 당시 저명한 철학자들은 칸트의 철학을 한 마디로 비판했다. "무슨 소리인지 이해가 되지 않는데."라고 말이다.

물론 훗날 칸트의 철학이 재조명되면서 그런 말을 한 철학자들은 하나같이 망신을 당했지만 초기에는 나름 효과적이었다. 권위자가 무슨 말인지 모르겠다고 하는 순간 그 주장은 엉터리가 되는 것이다.

이걸 극복하고자 쇼펜하우어는 방법 하나를 알려준다. "당신은 능력 있는 사람입니다. 그러니 이걸 이해하는 게 어려운 일은 아닐 겁니다. 제가 잘못 설명 드린 탓입니다. 다시 말씀드리겠습니다."라는 식으로 말하라고 한다.

대화를 하는 건 체면을 위협하는 일이다. 대화할 때 권력 관계까지 연관되어 있다면 더욱 그렇다. 상대가 어떤 부탁을 할지 혹은 상대의 말을 내가 이해하지 못하면 어떡하지 등 다양한 부담을 느낀다.

친구의 '오후에 잠깐 보자'와 상사의 '오후에 잠깐 봅시다'는 내용은 동일하지만 받아들이는 상대의 부담은 완전히 다를 수 있다. 따라서 소통을 잘하는 상사는 부담을 덜어주고자 또 체면을 살려주고자 예측 가능하게 말해야 한다. 이를테면 "은성 씨 지난번 보고 관련해서 오후 두 시에 잠깐 볼 수 있나?"라는 식으로 말이다.

무슨 말인지 모르겠다고 하는 건 상대의 부담을 가중시킨다. 주장 전체를 부정하는 것이다. 열심히 말했는데 무슨 말인지 모르겠다고 하면 당혹스럽다. 특히 듣는 사람이 그 분야의 전문가라면 더욱 그렇다. 대화는 체면 위협의 부담을 느끼는 과정으로 말하는 사람이나 듣

적을 만들지 않고 이기는 말하기 기술

는 사람 모두에게 해당된다.

이 기술은 일상생활에서도 쓸 수 있다. 이를테면 상대가 너무 장황하게 어려운 말을 늘어놓을 때 "도대체 무슨 말을 하는 거야? 좀 쉽게 설명해줘."라고 말하며 기를 꺾어놓을 수 있다.

상대를 인정하면서도
결과를 부정하라

법칙 36. | 이론상으로 맞지만 실제로는 틀리다고 억지를 쓴다

"그건 이론상으로 맞지만 실제로는 틀립니다." 같은 궤변으로 상대의 근거를 인정하면서도 결과를 부정할 수 있다고 말하라. 사실 이건 '논리적 추론은 당연히 근거로부터 결과로 이어져야 한다'라는 규칙과 모순된다. 이런 주장은 논리적으로 불가능하다. 이론상으로 옳으면 실제로도 옳아야 하기 때문이다. 결국 상대의 논지는 인정하지만 결론은 부정하라는 것이다. 이론 전문가를 지적할 때 자주 사용한다. "잘 모르셔서 하는 말씀인데요, 현장은 다릅니다."라는 식으로 말이다. 상대를 위축시킬 수 있다.

경제 성장률에 관한 논의

A: "이론상으로는 경제 성장률이 높으면 모든 사람의 삶의 질이 향상되어야 합니다."

B: "그럴 수도 있겠지만, 실제로는 경제 성장률이 높아도 일반 시민들의 삶의 질은 크게 개선되지 않았습니다. 대다수의 부는 특정 계층에 집중되고 있으니까요."

학업 성취도와 직업 성공에 관한 논의

A: "이론상으로는 대학 성적이 좋으면 졸업 후에 더 좋은 직장을 얻을 확률이 높아져야 합니다."

B: "그럴 수도 있겠지만, 실제로는 많은 사람이 성적과는 관계없이 네트워킹이나 다른 능력으로 좋은 직장을 얻고 있어요."

건강식품에 관한 논의

A: "이 건강식품을 복용하면 체력이 향상되어야 합니다."

B: "그럴 수도 있겠지만, 실제로는 그걸 먹고 체력이 향상된 사람을 본 적이 없습니다. 건강식품보다는 규칙적인 운동이나 생활 습관이 더 중요하지 않을까요?"

이런 전략을 사용하면 이론적 논리와 실제 상황 사이의 괴리나 모순을 강조해 상대 주장의 유효성을 약화시킬 수 있다.

참이지만
헷갈리는 명제를 제시하라

법칙 37. | 불합리한 주장을 증명하기 힘들면 아리송한 명제를 던진다

불합리한 주장을 증명할 길이 없을 때 상대에게 아리송한 명제를 제시한다. 명제는 참이지만 헷갈리는 것이어야 한다. 상대가 주장을 거부하면 왜 참을 거부하냐고 공격하라. 상대가 주장을 받아들이면 상황을 지켜보다가 질문을 던져라. 그리고 답이 나오면 근거가 되지 않는 것도 결론으로 유도하는 28번 법칙(근거가 되지 않는 답변마저도 결론의 근거로 삼는다)을 사용하라. 역시 뻔뻔함은 필수다.

재밌는 건 쇼펜하우어는 이런 기술은 경험으로부터 우러나온다고 하며 본능적으로 이 기술을 잘 사용하는 사람들이 있다고 비꼬았다

적을 만들지 않고 이기는 말하기 기술

는 것이다. 내 주장이나 논지를 뒷받침하기 힘들 땐 의도적으로 애매하거나 흐릿한 명제, 주장을 제시해 상대의 반박을 어렵게 만든다.

UFO 목격에 관한 논의
A: "저는 지난주에 UFO를 봤다고 확신합니다."
B: "증거나 사진이 있나요?"
A: "세상에는 우리가 모르는 많은 것들이 있죠. 우리가 알지 못하는 곳에서 무슨 일이 일어나고 있는지 정확히 아는 사람이 있나요?"

특정 식품의 건강 효과에 관한 논의
A: "이 음료는 체중 감량에 도움을 준다고 들었습니다."
B: "관련된 연구나 데이터가 있나요?"
A: "자연은 미스터리죠. 과학으로 밝혀지지 않은 것들이 많아요."

고대 문명의 외계인 이론에 관한 논의
A: "고대 문명들은 외계인의 도움으로 대형 건축물을 지었을 수 있다고 생각합니다."
B: "증거나 기록이 있나요?"
A: "과거의 역사는 수수께끼로 가득하죠. 우리가 알지 못하는 비밀들이 많을 거라 생각하지 않나요?"

이런 기술을 잘 사용하기 위해선 내 주장의 근거와 상대 주장의 내용을 정확하게 알고 있어야 한다. 그래야 내 주장의 장점을 부각하고 상대 주장의 약점을 공략할 수 있다.

적을 만들지 않고 이기는 말하기 기술

이길 수 없다면
인신 공격도 필요하다

법칙 38. | 인신 공격은 최후의 수단이다

"인간이 진정한 기쁨을 느낄 수 있는 건 타인과 비교해 자신이 훨씬 더 우월하다고 생각하기 때문이다."

- 토마스 홉스

상대가 탁월한 사람이라 이길 수 없다면 인신 공격도 필요하다는 것이다. 논쟁 소재를 제쳐둔 채 오직 인물 자체만 공격한다. 악의적인 독설, 모욕 등으로 거칠게 다룬다. 이성의 힘에서 벗어나 오직 육체의 힘과 야수성에 의존한다.

논쟁에서 지면 큰 분노를 느낀다. 인간은 스스로의 허용심을 만족시키는 게 큰 기쁨이며 타인과 비교하면서 느끼기 마련이다. 그런가 하면 지력과 관련이 있는데, 논쟁에서 진다는 건 내 지력이 떨어지는 걸 자인하는 것이므로 분노를 느낄 것이다.

따라서 무조건 이겨야 한다. 그러기 위해선 인신 공격도 불사한다. 반대로 상대가 내게 인신 공격을 해오면 차분해야 한다. 사안과 관련이 없다는 걸 알린 후 다시 사안으로 돌아가 청중에게 내가 똑똑한 사람이라는 걸 보여야 한다. 상대의 모욕적인 발언에도 대응을 삼가야 한다.

"평화가 진리보다 더 값지다."

- 볼테르

상대를 인신 공격할 때 핵심은 상대의 정체성을 훼손하는 것이다. 이를테면 신혼 초에 싸움이 확전되는 건 상대의 정체성을 훼손하기 때문이다. "당신네 집안은 왜 그래?" "교회 다닌다면서 술을 처먹고 다녀?" 하는 식으로 말이다.

이러면 대화가 되지 않고 이른바 '동물의 왕국'으로 넘어간다. 정체성은 상대의 위치, 경력 등을 말하는데 그걸 공격하면 상대는 심한 불쾌감을 느낄 것이다. 얄궂게도 관계가 깊은 사람일수록 상대의 약점과 정체성을 잘 알고 있다. 그래서 싸움으로 빠지면 극단으로 갈

확률이 높다. 하여 인신 공격은 최후의 방법으로 사용해야 한다.

내가 먼저 상대를 인신 공격하지 않으면 그만 아니냐고 생각한다면 오산일 수 있다. 논쟁에서 이겼을 때 알 수 있듯 상대의 약점과 정체성을 침착하게 공격하는 게 거칠고 모욕적인 말로 인신 공격하는 것보다 상대를 더 화나게 할 수 있기 때문이다.

3부

사술에
당하지 않으려면

_『토론의 법칙』 핵심기술 정리

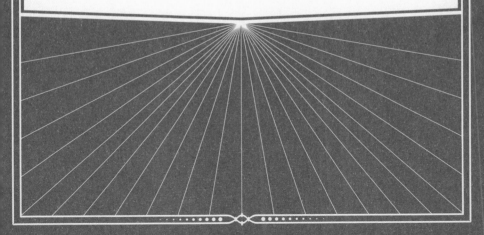

1장

'38가지 토론의 법칙'
핵심기술

생성형 AI가 정리한
쇼펜하우어의『토론의 법칙』

쇼펜하우어는『토론의 법칙』이라는 에세이에서 서른여덟 가지 토론 전략을 제시했습니다. 모두 토론에서 승리하기 위한 전략이며 상대를 속이거나 혼란스럽게 하는 데 사용할 수 있습니다.

각 전략의 간단한 설명을 제공하겠습니다.

일반화의 확대: 상대의 주장을 과도하게 일반화시키기

합의에서 이익 취하기: 상대의 주장 중 일부를 자신의 이익에 맞게 사용하기

　　　　　　　　　　　적을 만들지 않고 이기는 말하기 기술

숨은 전제 찾기: 상대의 주장에서 명시되지 않은 가정 찾아내기

상대를 불편하게 하기: 상대가 불편해하는 주제로 방향 돌리기

위선적 동의: 상대의 주장에 위선적으로 동의해 상대가 자신의 주장을 지지하도록 만들기

상대의 진행 방해하기: 상대가 주장을 제시하거나 주장을 발전시키는 것을 방해하기

자신의 주장 과장하기: 자신의 주장을 과장하거나 확대해 상대를 억압하기

문맥 변화: 주장을 완전히 다른 문맥에서 재평가하게 만들기

직접 공격하기: 상대의 주장을 직접 반박하려고 시도하기

주장의 결과에 초점 맞추기: 상대의 주장이 불가능하거나 원치 않는 결과를 초래한다고 주장하기

쇼펜하우어가 어떻게 토론을 이해하고 또 토론에 접근했는지 보여주지만, 정직하고 공정한 토론을 위한 지침이라기보다 토론에서 승리하는 방법에 대한 비판적인 코멘트라는 점을 명심해야 합니다. 그는 위의 전략들이 종종 부정직하며 상대를 속이는 방법을 포함하고 있다고 지적했습니다.

따라서 이러한 전략들은 '토론에서 어떻게 이길 것인가'라는 질문에 대한 답이라기보다 '토론에서 상대가 어떻게 나를 속일 수 있는가'라는 질문에 대한 답을 제공합니다.

4가지로 정리한 '38가지 토론의 법칙'

1. 나의 장점 극대화

2. 상대의 감정 공략

3. 논리적 선점

4. 속임수와 뻔뻔함

쇼펜하우어의 『토론의 법칙』을 찬찬히 살펴보면 중복되는 부분이 많고 설명도 그리 친절하지 않다. 사례의 경우 당대의 몇 가지만 제시할 뿐이다. 그리고 서른여덟 가지 법칙을 여러 기준으로 구분할 수

적을 만들지 않고 이기는 말하기 기술

있지만 크게 네 가지로 정리했다.

우선 나의 장점을 극대화하는 전략이다. 내가 가진 권위를 사용하거나 청중을 이용하는 방법이 대표적이다. 내가 가진 핵심 논리를 바탕으로 상대를 공략하거나 상대가 눈치채지 못하게 질문 공세를 펼치는 것도 방법이다. 답변을 받고 나에게 유리한 결론을 내려라.

두 번째는 상대의 감정을 공략하는 전략이다. 상대의 약점을 부각시키는 것이다. 쇼펜하우어는 상대를 화나게 만들라고 말한다. 화가 나면 논리적으로 대응하지 못하고 감정적으로 변하기 때문에 나에게 유리하다는 것이다.

상대의 이익을 공략하는 것도 좋은 방법이다. 『토론의 법칙』의 처음에 나오는 게 바로 이 기술이다. 상대의 동기, 모티브를 공략하라는 것이다. 어떤 주장이 상대의 이익과 신념에 반하면 주저 없이 주장을 포기한다. 결국 토론에 이기기 위해선 상대의 니즈와 욕구, 약점을 파악하는 게 중요하다.

세 번째는 논리적 선점이다. 가장 이성적인 방법이라고 할 수 있다. 비유나 개념 정의로 상대의 생각을 프레임하는 것이다. 토론에서 중요한 건 입론, 즉 개념 정의다. 주장을 펼치기 전에 나의 명제를 정의해 틀 짓기하는 게 중요하다. 또한 나의 논리적 추론으로 결론을 이끌어내는 기술도 필요하다. 구체적인 걸 일반적인 것으로, 개별적인 걸 보편적인 것으로 확대, 과장해 나에게 유리하게 만드는 게 이 기술에 해당된다.

네 번째는 속임수와 뻔뻔함이다. 쇼펜하우어는 토론을 두고 진리를 찾는 게 아니라 이겨야 하는 싸움으로 봤다. 따라서 궤변을 늘어놓거나 속임수를 쓰는 것도 무방하다는 것이다. 질 것 같으면 화제를 전환하거나 딴소리를 하는 기술이 여기에 해당된다.

적을 만들지 않고 이기는 말하기 기술

논리적 토론의
커뮤니케이션 기술 3가지

논리적 토론의 기술 핵심은 세 가지로 압축할 수 있다. 우선 '추상의 사다리 기술'이다. 미국의 언어학자 새뮤얼 하야카와(Samuel Hayakawa)는 그의 저서 『사고와 행동의 언어』에서 추상의 사다리 개념을 제창했다.

벽돌공 세 명에게 "당신은 어떤 일을 합니까?"라고 물으면 세 가지 부류의 대답이 돌아온다. 첫째는 "벽돌을 쌓습니다"라는 대답이다. 자신의 업무를 '작업' 수준으로 파악한 것이다. 둘째는 "교회를 짓습니다"라는 대답이다. 자신의 업무를 '목적' 수준으로 파악한 것이다.

셋째는 "모두 행복하게 지낼 수 있는 곳을 만듭니다"라는 대답이다. 자신의 업무를 '의의, 의미' 수준으로 파악한 것이다.

업무를 의미 수준으로만 파악한다면 구체적인 작업을 진행하지 못할 가능성이 높다. 업무를 작업 수준으로만 파악한다면 새로운 방안을 창안하지 못할 가능성이 높다. 따라서 목표는 이 두 가지, 즉 '의미 수준'과 '작업 수준'이 동시에 설정되어야 한다.

축구팀을 예로 들어보자. '역사상 이뤄낸 적 없는 성과를 남긴다'라는 건 의미 목표다. '4강에 진출한다'라는 건 성과 목표다. '우선 즐긴다'라는 건 행동 목표다. 팀의 구성원들이 '의미 목표'를 의식하고 '행동 목표'로 '성과 목표'를 달성할 때 바람직한 팀이 만들어진다.

이런 구조는 토론의 근거로도 활용이 가능하다. 쇼펜하우어의 토론의 법칙 중 개별적인 걸 일반적, 보편적으로 확대해 공략하라는 기술이 있다. 또 개별 사례의 모순을 발견해 전체로 확대해 공격하라는 기술도 있다. 즉 토론에 있어선 주장과 내용을 때로는 전체적이고 보편적으로 때로는 개별적이고 구체적으로 파악할 필요가 있다.

말을 잘하는 사람은 상대의 반응과 이해 정도에 따라 추상의 사다리를 자유자재로 이동한다. 즉 보편적, 추상적 이야기를 하는데 상대가 잘 이해하지 못한다면 개별적인 사례를 언급하는 것이고 개별적 사례만 언급하는데 상대가 전체 콘셉트를 이해하지 못한다면 보다 추상적으로 말하는 기술을 말한다.

두 번째는 '프레이밍', 즉 틀 짓기 기술이다. 토론의 시작에서 개념을 정의하고 가는 것이다. 결국 말과 말의 싸움에선 기준점을 어떻게 잡는지에 따라 승패가 달라진다. 특히 초반에 개념을 정의하거나 비유 등을 들어 전체를 프레이밍하는 게 중요하다. 선점하는 것이다.

의제 설정 이론처럼 사람들이 생각하는 걸 말하는 게 아니라 생각할 거리를 만들어주는 것이다. 새로운 방향과 기준점을 잡는 방법이다. '코끼리는 생각하지 마'라는 프레임처럼 사람들의 생각을 지배하는 기술이다.

마지막은 '질문의 기술'이다. 논쟁을 하다 보면 사실을 확인하고 의견을 묻고자 질문한다. 쇼펜하우어의 토론의 법칙에서도 질문을 잘 던져 상대가 내 의도를 눈치채지 못하게 하는 한편 상대가 '예'라고 시인하게 만드는 게 중요하다고 말한다.

질문을 잘하기 위해선 상대에 대한 지식과 주제에 대한 지식이 선행되어야 한다. 질문은 내 입장에서 하는 게 아니라 철저히 상대의 이해 정도, 능력, 동기에 근거해 해야 한다.

나에게 유리한 기술은 개방형 질문에서 폐쇄형 질문으로 가는 것이다. 폐쇄형은 '예, 아니오'로 답변이 나오는 질문이며 개방형은 상대가 주도권을 갖고 말할 수 있는 질문이다. 처음부터 폐쇄형으로 '예, 아니오'로 답변을 요구하면 상대는 거부감을 느끼며 나의 의도를 의심할 것이다.

우선 이 사안에 대해 어떻게 생각하는지 열린 질문, 개방형 질문을 한다. 그러면 상대도 자신의 의견을 말할 것이다.

때로는 적절한 반응으로 상대가 많이 말할 수 있도록 해야 한다. 말을 많이 하다 보면 모순점이 나오기 마련이다. 앞뒤가 다른 이야기, 예전과 다른 주장, 말실수, 잘못된 근거와 증거들이다.

그 문제를 집중 공략해 상대의 멘탈을 흔들리게 할 수 있다. 자신이 치명적 실수를 했다고 느끼는 순간 평정심을 잃기 때문이다.

상대가 마음껏 말하고 그중에서 실수나 논리적 모순을 밝혀내는 기술이다. 만약 내 논거가 확실하고 시간이 없다면 반대로 진행해도 된다. 몇 가지 사안에 대해 폐쇄형 질문으로 상대의 의도를 파악하고 나의 확실한 근거를 바탕으로 결론을 이끌어내는 것이다.

추상의 사다리 기술, 프레이밍 기술, 질문의 기술은 논리적 토론을 위한 매우 중요한 기술들이다.

적을 만들지 않고 이기는 말하기 기술

"

2장

사술에 당하지 않기 위한
기본 능력

"

논쟁은
분별력 있는 사람과 해야 한다

쇼펜하우어는 『토론의 법칙』을 마치며 다음과 같이 조언한다.

"닥치는 대로 아무하고나 논쟁을 벌여선 안 된다. 잘 알고 있고 이 치에 맞지 않는 주장을 하지 않으며 어쩔 수 없이 그랬을 경우 매우 창피하게 여길 만큼 충분히 이성적인 사람들하고만 토론해야 한다.

권위로 누르지 않고 근거를 갖고 논쟁을 벌이며 상대의 합리적 근 거에는 귀를 기울이고 동의할 수 있는 사람, 진리를 높이 평가하고 상대의 정당한 근거에 대해선 기꺼이 받아들이는 공평무사한 사람, 상대의 주장이 진리라고 판단이 서면 기꺼이 자기 주장의 부당함을

적을 만들지 않고 이기는 말하기 기술

인정하는 사람하고만 토론해야 한다.

토론할 만한 가치가 있는 사람은 100명 중 한 명도 안 된다. 나머지 사람들은 하고 싶은 말을 하도록 그냥 내버려 둬라. 무식하다는 건 인간의 권리다. 물론 논쟁은 두 사람의 머리가 마찰을 빚음으로써 이뤄지는 행위로 상호 간에 유용한 측면이 있다.

다시 말해 우리는 논쟁으로 자기 생각을 교정하고 새로운 견해를 만들어낼 수 있다. 하지만 가능하려면 두 사람의 전문 지식이나 지력이 비슷해야 한다. 한 사람에게 전문 지식이 없다면 그는 논쟁 내용을 이해하지 못하거니와 논쟁을 따라가지 못할 것이다. 또 지력이 떨어진다면 논쟁으로 유발된 격분이 그를 거짓말과 속임수 또는 야만성으로 유혹할 것이다.”

쇼펜하우어는 상대와 격이 맞지 않다면 논쟁 자체를 피하는 게 상책이라고 말한다. 인간 본성상 논쟁에서 지는 건 치명타이기 때문에 흥분하고 말싸움을 넘어 개싸움으로 번질 수 있다. 하지만 어쩔 수 없이 논쟁이 시작되었다면 무슨 수를 쓰든 이겨야 한다.

앞서 살펴본 서른여덟 가지 토론의 법칙은 두 가지 의미를 지닌다. 내가 논쟁할 때 이기기 위해 사용하는 기술이자 상대가 나를 공격할 때 미리 알고 방어하는 기술이다.

‘토론은 정신으로 하는 검술이다’라는 쇼펜하우어의 말은 단순히 멋있는 표현이 아니라 잔인한 말이다. 검투에서 가장 중요한 건 상대를 먼저 찌르는 것이다.

누구의 검이 더 좋은지, 어떤 스승 밑에서 검술을 배웠는지, 누가 더 잘생겼는지, 누가 더 좋은 집안의 자제인지, 누가 더 똑똑한지는 아무런 의미가 없다.

반드시 이겨야 하는 게 바로 검술이다. 서른여덟 가지 토론의 법칙은 자신을 방어하기 위한, 사술에 당하지 않기 위한 방패인 것이다.

적을 만들지 않고 이기는 말하기 기술

상황을
객관적으로 보는 능력

부부 싸움을 하다 보면 의도치 않게 감정 싸움으로 번질 수 있다. '언제 외출한 것인가'라는 단순한 문제를 놓고 성격 문제를 넘어 신혼 초의 사례까지 나올 때도 있다. 싸움이 끝나고 나면 허무할 뿐 문제가 해결되어 있지 않고 그대로다.

인간은 감정의 폭풍우에 휩싸이는 순간 이성적 판단을 할 수 없다. 특히 논쟁에 있어선 감정 싸움으로 쉽게 흘러가며 쇼펜하우어가 말한 것처럼 평정심을 잃고 분노한다.

그때 힘을 발휘해야 하는 게 바로 '메타인지(meta-cognition)'다.

메타인지는 이른바 '인지의 인지'로 상황을 객관화하는 능력이다.

수학 문제를 풀고 있다고 가정해보자. 수학 문제에 집중하는 게 인지다. 그리고 수학 문제의 공식이 제대로 맞는지, 시간 안배는 어떤지 등의 상황을 조금 떨어져서 보는 게 메타인지다.

어떤 주제에 대해 토론을 한다고 가정해보자. 토론 주제와 근거에 집중하는 게 인지다. 그리고 조금 떨어져 상대가 어떤 근거를 사용해 나를 공격하는지, 상대가 왜 이런 말을 하는지 살피는 게 메타인지다. 메타인지는 인지심리학과 교육학을 넘어 커뮤니케이션 상황에서도 힘을 발휘한다.

서로 간의 의견을 듣고자 가볍게 시작했지만 논쟁이 벌어지고 급기야 말싸움으로 번지곤 한다. 더 심한 경우에는 인신 공격이나 폭력적인 언행으로까지 이어진다. 이성만으로는 통제가 잘 되지 않는다는 걸 잘 알고 있다. 그 자리를 피하더라도 곧 논쟁 상황이 떠오르고 분노에 휩싸일 것이다.

나를 화나게 하는 건 무엇인가? 우선 상대가 나의 정체성을 공략했을 경우다. 상대가 인신 공격성 발언을 하거나 나의 지적 능력을 훼손하는 발언을 했을 때 분노한다. 따지고 보면 단어 하나, 표현 하나에 불과하지만 용납하기 어렵다.

두 번째는 상대의 태도. 약간의 비아냥, 깐족거림까지 있다면 더욱 화날 수 있다. 대화나 토론에 임하는 상대의 거슬리는 행동 자체로 분노에 휩싸일 것이다.

적을 만들지 않고 이기는 말하기 기술

세 번째는 논리적 평행을 달리는 경우다. 상대가 입장을 굽히지 않고 나도 굽히지 않으면 답답함이 생기고 나아가 분노할 것이다. 나의 논리가 상대의 논리적 반박으로 깨졌을 때도 기분이 상할 수 있다. 이때 필요한 게 메타인지다. 한 발짝 떨어져 나의 현 상황을 조망하는 것이다.

우리는 분노하면 바로 행동한 후 이내 후회한다. 그런데 메타인지가 작동되면 분노의 폭풍우 속에서도 합리적으로 행동할 수 있다. 그때 효과적인 방법이 있다. <u>스스로에게 자문하는 것이다.</u>

"지금 내가 화를 낸다고 이 문제가 해결 될까?"
"지금 화를 내면 내일 후회 안 할 자신 있어?"

답은 대부분 명확하다. 화를 내면 내가 잃을 게 많고 후회가 된다는 것이다. 따라서 사술에 당하지 않고 나를 지키기 위해선 메타인지가 필수다.

그렇다면 토론을 위한 메타인지를 어떻게 개발할 것인가? 메타인지는 지식의 차원과 실행의 차원으로 이뤄져 있다. 자전거를 타는 것과 유사하다.

지식과 이론을 모르는 상태에서 무조건 많이 탄다고 자전거 타는 실력이 향상되지 않는다. 어느 정도는 탈 수 있지만 전문가는 될 수 없다. 반대로 이론과 지식은 풍부하지만 타본 적이 없다면 자전거를 탈 수 없다. 메타인지는 지식의 차원과 실행의 차원이 함께 진행될 때 효과를 볼 수 있는 것이다.

지식과 실행의 차원에서 메타인지를 향상시키는 첫 번째 방법은 상황을 요약하고 파악하는 것이다. 짧은 시간 안에 상황을 파악해야 한다. 일상생활에서 할 수 있다. 책을 읽거나 영화를 봤다면 핵심 내용을 요약해본다. 보고서, 리포트 등으로 핵심을 파악하는 힘을 기르는 것이다. 메타인지도 결국 상황을 통제하는 능력인지라 상황과 흐름을 빨리 파악하는 게 중요하다. 그러기 위해선 요약 능력을 훈련해야 한다.

두 번째는 다양한 상황과 주제로 토론해보는 것이다. 메타인지는 다양한 상황을 경험하는 데서 개발된다. 전공 주제뿐만 아니라 잘 모르거나 생경한 주제에 대해서도 논의하고 토론하는 자세가 필요하다. 직접 참여하지 못한다면 시뮬레이션해보는 것도 좋다.

세 번째는 모니터, 피드백이다. 토론, 논쟁 상황이 되었다면 끝난 후 분노의 감정에 빠지거나 이겼다고 좋아할 게 아니라 복기해야 한다. 나의 어떤 주장이 좋았고 어떤 논리가 약했는지 평가해보는 것이다. 상대의 강점과 약점을 파악해 다시 한번 상황을 봐야 한다.

메타인지는 방송의 애드리브와 같다. 수없이 많은 방송인이 있지만 모두 다 애드리브에 능한 건 아니다. 오랜 경력과 함께 다양한 프로그램 경험을 가져야 가능하다.

물론 무조건 오래 또 다양하게 경험했다고 능사는 아니다. 본인이 의지를 갖고 열심히 임했을 때 계속 발전할 수 있다. 상황을 압축하고 정리하려는 자세도 중요하다.

이런 과정을 통해 상황을 객관적으로 볼 수 있다. 하지만 진리를 추구하기 위한 토론을 시작했다가 논쟁 그리고 말싸움, 더 악화되어 몸싸움으로까지 번지는 게 현실이다.

그때 나라도 정신을 차리고 상황을 객관적으로 보려 해야 한다. 그런 자세와 기술이 필요하다. 나아가 상황을 객관적으로 볼 수 있을 때 토론에 임해서도 더 효과적으로 논리를 펼 수 있을 것이다.

기분 좋은 상태로
토론에 임하는 능력

1990년대 미국 코넬대학교의 앨리스 아이센(Alice M. Isen) 교수는 헨리포드대학병원 내과 의사 마흔네 명을 상대로 간 질환에 시달리는 가상 환자의 증상에 대한 실험을 진행했다. 진단 시트를 주고 판별해내야 했으니 꽤 집중이 필요했다.

A그룹 의사 중 절반에겐 사탕 한 봉지씩을 나눠줬고 B그룹에겐 문제만 제시했다. 실험 후 증세에 따른 처방을 따져보니 사탕을 받은 의사들이 훨씬 나았다. 더 높은 창의성을 보였고 초기에 내린 잘못된 진단에 대해 신속히 태도를 바꾸는 유연성을 보였다.

적을 만들지 않고 이기는 말하기 기술

3년 뒤 실험에서도 똑같은 결과가 나왔다. 아이센 교수는 기분이 좋아지면 문제 해결 능력이 발전하고 이타심, 협동심, 소통 등 업무 프로세스에도 긍정적인 영향을 끼친다고 분석했다.

아이센 교수는 1987년에 초등학교 5학년 학생들에게 양초 한 개와 압정이 가득 든 상자 한 개, 성냥 한 갑을 주고 양초에 불을 붙여 벽에 세우게 하는 실험을 한 적이 있다. 한편 이 양초 실험은 1945년 심리학자 칼 던커(Karl Duncker)가 고안한 것으로 창의력 테스트의 일종이다.

아이센 교수는 다른 방법으로 활용했다. A그룹의 일부에게 실험 전에 사탕을 주고 재밌는 영화를 보여주는 등 기분 좋은 상태를 만들었다. B그룹에겐 정신적 압박을 가하고 사탕을 주지 않았다.

기분 좋은 상태를 유지한 A그룹은 75% 이상이 문제를 해결한 반면 사탕을 받지 않은 B그룹은 20%만이 문제를 풀었다. 물론 두 집단은 같은 능력을 갖고 있었다. 이것이 바로 긍정적 정서의 힘을 보여주는 '캔디 스터디(candy study)'다.

사탕 하나가 가진 힘이다. 사탕으로 기분이 좋아졌을 때 인지 능력, 대인 관계, 협상 능력 나아가 객관화의 힘까지 좋아진다. 중요한 건 거창한 의식이 아니었다는 점이다. 사탕 하나처럼 단순하지만 효과적인 걸 찾는 게 중요하다.

사람마다 기분 좋을 때가 있다. 음악을 듣거나 누군가와 통화하거나 산책을 하거나. 내가 통제할 수 있는 나만의 사탕을 많이 준비하는 게 중요하다.

이 긍정적 정서는 '회복탄력성(resilience)'과도 관련이 있다. 회복탄력성은 크고 작은 역경, 시련, 실패에 대한 인식을 도약의 발판으로 삼아 더 높이 뛰어오를 수 있는 마음의 근력을 의미한다.

물체마다 탄성이 다르듯 사람에 따라 시련에 대한 탄성이 다르다. 역경으로 밑바닥까지 떨어졌다가도 강한 회복탄력성으로 튀어 오르는 사람들은 대부분 원래 있었던 위치보다 더 높은 곳까지 올라갈 수 있다. 지속적인 발전을 이루거나 커다란 성취를 이뤄낸 개인이나 조직은 대부분 실패나 역경을 딛고 일어섰다는 공통점이 있다.

불행한 사건이나 역경에 어떻게 의미를 부여하고 인식하느냐에 따라 불행해지거나 행복해지는 기로에 선다. 또한 실패나 역경을 딛고 일어섰다는 건 자신이 처한 상황을 긍정적으로 받아들이는 습관을 구축했다는 걸 의미한다.

상황을 부정적으로 인식한다면 감정적 에너지를 소비하게 되는데, 이 에너지를 문제 해결에 대한 집중에 사용할 수 있다는 점에서 회복탄력성이 향상된다고 볼 수 있다.

따라서 회복탄력성이란 인생의 바닥에서 치고 올라올 수 있는 힘, 밑바닥까지 떨어져도 꿋꿋하게 튀어 오르는 비인지 능력 혹은 마음의 근력이다. 그런 관점에서 긍정적 정서는 회복탄력성의 트리거, 즉 촉발제다.

토론도 내 주장이 꺾일 수 있는 역경의 과정일 수 있다. 그렇다면

적을 만들지 않고 이기는 말하기 기술

긍정적 정서를 바탕으로 상황을 긍정적으로 해석하고 바라보는 게 중요하다. 상대가 인신 공격으로 나를 화나게 하더라도 상황을 객관적으로 보고 무의미한 자리가 아니라 상대를 파악하는 자리라고 해석할 수 있는 건 긍정적 정서가 단단하게 자리잡고 있기 때문이다.

토론에 앞서 기분 좋은 상태를 유지하는 게 좋다. 쇼펜하우어가 말한 것처럼 사람은 지적 허영심을 갖고 있고 상대와 비교하기 마련이다. 따라서 논쟁 시 상대가 지적 능력이 떨어진다는 느낌을 받으면 상대는 이성을 포기하고 야수성을 가진 채 내게 달려들 것이다. 나를 자극하고 도발하며 인신 공격할 것이다. 내가 제대로 준비하지 않으면 나도 똑같은 사람이 되어 공격만 할 것이다. 그러기 전에 마음의 준비를 해야 한다.

선행되어야 할
콘텐츠 장악력과 프레임

모 그룹에선 매 분기 첫 달 월요일에 월례회를 갖는다. 각 부문장, C 레벨의 탑 경영자, 오너 등 200여 명이 참석한다. 회의는 오너의 모두 발언, 전략기획실의 전략 공유, 그리고 이슈가 있는 부문에서 부문장이 직접 스피치한다. 통상 세 부문의 부문장이 각각 15분의 프레젠테이션을 하는 구조다.

어느 부사장급 부문장이 한 달 전에 다음 분기 월례회에서 발표하라는 지시를 받았다. 그 부문장은 어떻게 했을까? 한 달 동안 합숙에 준하는 준비로 완벽한 시나리오를 작성해 암기했다.

적을 만들지 않고 이기는 말하기 기술

드디어 발표 당일이다. 암기를 했다는 건 앞부분이 중요하다는 말이다. 핵심 내용을 잊지 않고 앞부분만 잘 넘긴다면 나머지 흐름을 잘 탈 수 있다.

다행스럽게도 전체 15분 스피치에서 앞부분 3분이 자연스럽게 흘러갔다. 그런데 본론으로 넘어갈 찰라 큰 회의실에서 마이크 켜지는 소리가 들린다.

"툭툭, 어이 김 부사장 거 뻔한 이야기잖아. 시간 딜레이 되었으니 핵심만 2~3분으로 정리해봐."

아뿔사, 앞으로 남은 장표는 스물다섯 장. 어떻게 해야 할까?

전달 커뮤니케이션에서 핵심은 콘텐츠를 장악하고 있어야 한다는 점이다. 스피치, 프레젠테이션, 토론, 면접 등이 다 해당된다.

특히 토론은 더 중요하다. 내가 생각한 방식으로 토론이 진행되는 게 아니라 상대의 주장을 바탕으로 나의 논지를 말해야 한다면, 내 주장의 근거와 상대 주장의 근거가 머릿속에 프레임을 갖고 정리가 되어 있어야 한다. 그러지 못하면 글자만 따라갈 것이다.

그러니 평상시 다양한 토론에 참여하고 시뮬레이션하는 게 필요하다. 통상 세 가지 정도로 내 주장의 핵심과 근거를 마련하고 상대 주장의 핵심과 근거도 따로 준비해야 한다. 그래야 상대가 사술로 나를 공략하더라도 적절히 방어할 수 있다.

상대가 학술적이고 어려운 말로 공격한다면 핵심 요지가 무엇인지 되물을 수 있어야 한다. 그러기 위해선 나의 논지가 무엇인지 명확히 정리가 되어 있어야 한다.

그렇지 않다면 상대의 사술에 휩쓸려 제대로 방어하지 못할 것이다. 콘텐츠를 장악하고 있으면 논지를 자유자재로 옮길 수 있고, 상대가 어떤 전략을 쓰는지 파악할 수 있다.

아래 표는 학교에서 생성형 AI를 제한해야 한다는 주장에 대한 입론서다.

○ 근거-반론-재반박 시뮬레이션

논제	'학교에서 ChatGPT를 제한해야 합니다' 찬성 측 입장
논의 배경	- 최근 인공지능 기술, 특히 ChatGPT의 등장은 교육 분야에도 큰 변화를 가져올 것으로 기대. - ChatGPT는 학습 효과 저하, 창의성 감소, 윤리적 문제 등 다양한 우려를 불러일으키고 있음.
근거 1	**첫째, 창의성을 감소시키는 등 학습 효과를 떨어트릴 수 있음.** ChatGPT는 다양한 창작물을 제작할 수 있지만 학생들이 창의성을 발휘하는 기회를 줄입니다. 학생들은 ChatGPT로 쉽게 창작물을 만들 수 있지만 진정한 창의성을 키우는 데 도움이 된다는 근거는 불충분합니다. 나아가 ChatGPT에 의존하면 학생들이 독창적인 아이디어를 생각해내는 능력을 잃을 수도 있습니다. 학생들이 ChatGPT로 과제를 쉽게 해결하는 경험은 학생들이 스스로 생각하고 문제를 해결하는 능력을 키우지 못하게 만듭니다. 또한 ChatGPT에 의존하면 학생들이 학습에 집중하지 못하고 지루함을 느낄 가능성이 높아질 것입니다.

적을 만들지 않고 이기는 말하기 기술

근거 2	**둘째, 인간적 상호작용 감소 및 사회성을 저하시킬 수 있음.** ChatGPT는 학생들이 교사, 또래와의 직접적인 상호작용을 줄이고 사회성을 떨어트릴 수 있습니다. 교육은 지식 전달을 넘어 학생들 간의 협력, 토론, 소통으로 사회성을 키우는 과정입니다. ChatGPT는 학생들이 스스로 정보를 얻고 문제를 해결할 수 있도록 도와주지만 인간적인 상호작용을 대체할 순 없습니다.
예상 반론	**예상 반론 1** 스스로 생각하고 문제를 해결하는 능력을 키우기 위해선 ChatGPT를 활용하는 방식이 중요합니다. ChatGPT를 문제 해결 과정의 도구로 사용하도록 학생들을 지도하면 학습 효과를 높일 수 있습니다. **예상 반론 2** ChatGPT는 학생들에게 다양한 창작물 제작 및 문제 해결 방법을 제시해 창의성을 향상시킬 수 있습니다. **예상 반론 3** 온라인 학습 플랫폼 및 가상 현실 기술을 활용해 인간적인 상호작용을 대체할 수 있습니다.
반론에 대한 재반박	**학습의 효과 측면** ChatGPT를 활용해 학습 효과를 높이는 방법은 아직 연구 단계이며, 실제 교육 현장에서 검증되지 않았습니다. 따라서 ChatGPT에 대한 과도한 기대는 오히려 학습 효과를 저하시킬 수도 있습니다. **창의성 측면** 창의성은 다양한 정보를 제공하는 것으로는 향상되지 않습니다. 학생들은 스스로 생각하고 문제를 해결하며 창의적인 표현 능력을 키워야 합니다. ChatGPT는 이런 과정을 대체할 수 없으며 오히려 방해가 될 수 있습니다. **상호작용 측면** 인간적인 상호작용은 지식뿐만 아니라 인정과 공감 등 정서적인 교감으로 형성되기도 합니다. 온라인 학습 플랫폼 및 가상 현실 기술은 일부 상호작용을 대체할 수 있지만, 교사와의 직접적인 상호작용 및 또래 학생들과의 관계 형성을 대체할 수는 없습니다. 학생들은 문제 해결 과정에서 타인과 협력하며 진정한 성장을 이룰 것입니다.

내가 알고 있는 것을 적절히 표현하는 능력

중요한 회의, 발표 자리, 상대와 논쟁이 붙었을 때 쭈뼛거리며 제대로 말을 못하는 건 언어 구사력의 문제다. 말하지 않으면 타인은 내 생각을 알지 못한다.

재미없는 내용도 맛깔스럽게 표현해 이야기에 빨려들게 하는 사람이 있는가 하면 재밌는 내용도 김빠지게 이야기하는 사람이 있다. 이 역시 언어 구사력의 문제다. 아무리 많이 알고 있다 해도 언어 구사력이 떨어지면 효과적으로 소통할 수 없다.

짧은 시간 내에 설득할 때는 물론 장시간 강의할 때도 적절히 묘

적을 만들지 않고 이기는 말하기 기술

사하고 표현하는 능력이 필수적이다. 그런가 하면 토론은 커뮤니케이션 역량을 총동원해야 한다. 나의 주장을 조리 있게 말하는 스피치 능력, 타인의 주장을 듣는 듣기 능력, 논리를 바탕으로 상대를 설득하는 능력 등이다. 그 밑바탕에는 언어 구사력이 자리 잡고 있다. 결국 내 생각을 전하는 게 기본이기 때문이다.

어느 자리에서 재밌는 이야기를 들었는데 그 이야기를 다른 자리에 옮겼을 때 어땠는가? 나의 의도대로 많은 사람이 재밌어 했는가? 대부분이 그렇지 않고 썰렁했을 것이다. 바로 언어 구사력이 떨어지기 때문이다.

언어 구사력은 스피치의 엔진이자 소통이라는 차를 움직이는 핵심 동력이다. 엔진의 크기, 마력이 크면 차의 성능이 좋아지듯 언어 구사력이 좋을수록 자기 표현이 더 원활해지기 때문에 소통에 도움이 된다. 엔진을 움직이는 기름은 물론 콘텐츠이며 좋은 콘텐츠에 기름을 제때 공급할 때 좋은 말하기가 가능하다.

그럼 언어 구사력은 어떻게 증진시킬 수 있을까? 핵심은 글쓰기를 통한 말하기다. 책을 읽거나 여행을 다녀와도 언어 구사력이 떨어지면 직접 경험했음에도 조리 있게 말하지 못한다.

머릿속에 정리가 되었다고 말이 되는 게 아니다. 일단 머릿속에 든 걸 글쓰기로 끄집어내야 한다. 글을 쓴 후에는 키워드 중심의 스피치 개요서, 큐카드를 만든다. 그리고 연습을 반복한다.

일단 경험한 게 있으면 전체를 글로 작성한 후 압축 요약한다. 그리고 명사형 스피치 개요서로 연습을 반복한다. 대학교에서 토론을 준비할 때 많이 사용하는 방식이다. 토론 주제의 입론(주장하는 말)을 이런 식으로 준비하면 상당히 효과적일 것이다.

1957년 미국에서 개봉한 영화 〈12인의 성난 사람들〉은 아버지를 죽인 혐의로 기소된 흑인 소년의 재판을 둘러싸고 열두 명의 배심원이 사건을 평결해 가는 과정이 주된 내용이다.

영화는 배심원들의 거수투표 결과를 보여주며 시작된다. '열한 명의 유죄 의견과 한 명의 무죄 의견'. 이들은 의견의 만장일치를 이루고자 소통을 시작한다.

무죄를 주장하는 단 한 명의 배심원을 설득하고자 시작된 토론이지만 오히려 무죄를 주장하는 배심원의 수가 점차 늘어가고 급기야 배심원 전원이 무죄를 선고하기에 이른다.

배심원들 간의 토론은 소년의 범죄를 입증할 증거가 미약하고 설득력이 없으며 자신들의 최초 판단이 선입견과 편견에 의한 것이었음을 깨닫는 계기가 된다.

열한 명의 배심원들은 자신의 주장을 뒷받침할 근거를 제시하고 경청하는 과정에서 상이한 주장의 타당성을 수긍하고 의견을 수정한다. 그들은 점차 진실에 가까운 판단에 다가감은 물론 토론하며 분노한 개인에서 상호 간의 협력적 공동체로 발전한다.

이 영화처럼 스키마(Schema, 자신만의 신념)를 버리고 열린 마음으로 듣는 게 어떤 긍정적 결과를 가져오는지는 일상생활에서도 쉽게

적을 만들지 않고 이기는 말하기 기술

접할 수 있다.

　가장 이상적인 형태의 소통을 커뮤니케이션적으로는 '숙의(熟議)'라고 한다. 경청으로 지식을 확장시키고 의견을 심사숙고하며 대화로 이해하고 신뢰를 형성한다. 그리고 결정한다. 즉 상대를 이해하기 위해선 경청이 전제되어야 하는 것이다.

　주장의 근거가 많고 경청이 잘 이뤄지면 소통이 되지만 듣지도 않고 근거도 미약하면 소외되기 쉽다. 주장의 근거가 많고 경청이 이뤄지지 않으면 서로의 주장만 제기해 소란스러운 상황이 연출된다.

　우리나라 토론 문화의 전형이다. 각자 주장은 많지만 서로 듣지 않다 보니 조정과 조율이 어렵다. 이를테면 여당과 야당 각각이 주장은 따로 있지만 서로가 열린 마음으로 듣지 않으니 상대의 주장을 이해하지 못하고 나아가 이해하려고도 하지 않는 것이다. 잘 듣긴 하지만 주장의 근거가 적으면 토론과 논의가 활기 없는 소침(消沈, 의기나 기세 따위가 사그라듬) 상황이 된다.

　경청이란 상대 중심에서 내용뿐만 아니라 맥락을 이해해야 한다. 상대가 왜 그런 근거를 주장하고 말하는지 앞뒤 사정을 파악하고 들을 때 가능하다.

　그렇지 않고 내 중심으로 맥락과 내용만 받아들이면 왜곡되거나 필요한 것만 듣는 선택적인 경청에 그칠 수밖에 없다. 설령 상대 중심으로 듣더라도 뉘앙스를 무시한 채 내용만 들으면 상대의 겉만 아는 피상적 경청에 그칠 수 있다.

○ 경청의 핵심

	나 중심	상대 중심
맥락	왜곡	적극적인 경청
내용	선택적인 경청	피상적인 경청

경청은 어려운 것이다. 중요한 건 이런 다양한 개념들을 이해하는 것이다. 그동안에는 그냥 듣고만 있다가 내 의견을 말했다면, 이제는 어떻게 듣는 게 진정한 경청인지 이해하고 때로는 참고 무조건 끝까지 들어보자. 이런 단순한 방법을 지속하는 과정 속에서 상대를 이해하는 능력이 배양되는 것이다.

메타인지와 멘탈 관리, 콘텐츠 장악력, 커뮤니케이션 능력, 이른바 2MC(meta-cognition, mental, contents, communication)는 커뮤니케이션 전반에서 매우 중요한 능력이다. 토론뿐만 아니라 일반 상황에서도 활용이 가능하다.

정리하자면 상대가 사악한 기술, 즉 사술을 이용해 나를 공격한다면 상황을 객관화하고 마음을 다스려 콘텐츠 장악력을 바탕으로 맞대응하라.

4부

나를 지키는 말하기 기술

_『토론의 법칙』대응법

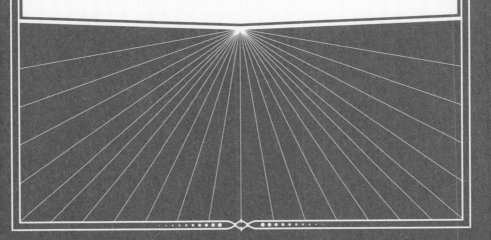

나를 지키는 말하기 기술의
핵심 5가지

쇼펜하우어는 앞서 살펴본 것처럼 서른여덟 가지 토론의 법칙으로 논쟁, 아니 '말싸움'에서 사용할 수 있는 기술을 설명했다. 이 기술은 양가적이다. 상대가 내게 사용할 수 있고 내가 상대에게 사용할 수도 있다. 문체를 보면 양쪽 다 섞여 있다. 내가 사용하라고 말하는 부분도 있고 상대가 사용할 거라고 말하는 부분도 있다.

이번에는 오롯이 나를 지키기 위한 기술을 살펴볼 것이다. 쇼펜하우어가 알려준 서른여덟 가지 '말싸움'의 기술을 중심으로, 어떻게 하면 나를 지킬 수 있는지 알아보자. 핵심은 다섯 가지다.

적을 만들지 않고 이기는 말하기 기술

출처와 근거를 확인하라(Source)

: 토론과 말싸움에서 움찔하는 이유 중 대다수는 상대의 권위에 눌리기 때문이다. 상대가 마치 직접 경험하고 들은 것처럼 말하는 순간 나의 논리는 초라해진다. 물론 나도 나름의 근거를 갖고 있지만 상대가 권위 있는 교수 혹은 학자를 언급하는 순간 당황하기 마련이다. 그때 당연함에 질문해야 한다. 출처와 근거가 무엇인지 묻고 확인해야 한다. 물론 공격적인 말투와 태도가 아닌 예의를 갖춰서 말이다.

의도, 의미, 구체성을 질문하라(Question)

: 상대가 뛰어난 달변가라면 다양한 비유와 질문 그리고 추상적인 말로 나를 기만할 수 있다. 화려한 언변과 말투는 사람을 혹하게 할 수 있기 때문이다. 특히 비유와 선문답 같은 말투는 당황스럽게 할 텐데 그때 그 의도, 의미, 구체성에 대해 질문하라.

격앙되지 않고 차분한 태도를 유지하라(Stability)

: 논쟁을 하다 보면 화가 날 때가 많다. 상대가 나의 정체성을 공격하거나 상대의 태도가 마음에 들지 않거나 나의 논리가 무너졌을 때 그렇다. 그때 감정을 주체하지 못하고 실수를 한다. 그리고 후회한다. 친한 사람과도 의견이 맞지 않으면 기분이 상하기 마련이다. 논쟁 중에 화가 나면 이성적 판단이 서지 않으며 실수를 한다. 대화에서 논쟁 초입으로 들어가는 순간 차분한 태도가 필요하다는 걸 상기하자.

프레임에 갇히지 마라(Frame)

: '너는 너무 이기적인 것 같아' 같은 표현을 들으면 주저하지 말고 왜 그렇게 생각하는지 묻곤 나는 그렇지 않다고 말해야 한다. 상대는 자신이 코너에 몰렸다고 생각하면 나를 규정지으려고 할 것이다. 그런 프레임에 갇히는 순간 빠져나오기 어렵다. 특히 주변에 사람이 있다면 내가 적절히 반박하지 않는 이상 사람들이 나를 그런 사람으로 볼 수 있다. 상대가 주장하는 규정에 갇히지 말자. 상대가 규정짓는 순간 왜 그런지 묻고 답변을 들은 후 나의 논리적 근거로 그 프레임을 깨버리자.

때로는 단호하라(Firm)

: 대화를 한다는 건 상대와 협력하며 관계를 맺는 과정이다. 그런데 상대가 예의를 지키지 않고 나를 취조하거나 선택을 강요하거나 일방적 주장만 늘어놓을 때는 단호해야 한다. 현재 상황의 불쾌함을 격식 있게 말하고 더 이상 논쟁을 이어나가지 않는 것도 현명한 방법이다. 상대는 같은 방식을 반복할 것이기 때문이다.

적을 만들지 않고 이기는 말하기 기술

나에게 유리한 이익인지
살펴라

법칙 1.

나를 위하는 척하면서 설득하려 할 때 당황하기 마련이다. 쇼펜하우어의 말처럼 나의 이익, 니즈, 동기, 욕망 등을 공략할 때 나의 신념자체가 흔들리기 때문이다. 내가 지켜온 신념에 대해 상대가 이익을 말하며 제안한다면 우선 그 이익이 내게 어떤 점에서 좋은지 다시 물어라. 그런 과정으로 상대가 진심으로 나를 배려했는지 아니면 그 자신을 위한 제안인지 분별할 수 있다.

그리고 상대가 그동안 나와 어떤 관계를 맺어왔는지 살펴봐야 한다. 긴 시간 깊은 관계를 맺었다면 좋은 제안일 가능성이 높다. 여건이 된다면 그의 평판이 어떤지 고민해봐야 한다.

갑작스러운 제안에 당황하지 말고 그 이익이 내게 왜 도움이 되는지 묻고 그동안의 관계, 평판 등을 고려해 판단하자.

생각해보면 늘 다양한 요청과 설득을 받는다. 대부분 내게 유리하다고 하는데 그런 상황에선 찬찬히 살펴볼 필요가 있다. 자동차를 구입할 때도 보험을 들 때도 심지어 친구와 여행을 갈 때조차 다양한 방식으로 내게 유리하다고 말하지만 그렇지 않은 경우도 있다.

내게 이익이 되는지 살펴보고 상대는 어떤 이익을 얻는지 생각해보며, 제삼자에게 조언을 받는 것도 필요하다.

당신은 중소기업의 경영자로 제품 A를 생산하고 있다. 제품 B를 제조하는 경쟁 업체와 협상 중이며, 그들은 제품 A를 구매하겠지만 대신 제품 B를 할인된 가격으로 제공하겠다고 말한다.

상대는 "제품 B를 구매하는 게 당신의 이익에 좋을 겁니다. 우리는 제품 B를 매우 저렴한 가격으로 제공하고 당신은 비용을 절감할 수 있으니까요."라고 말하는 상황이다.

1. 정보 수집과 검증: 상대의 주장을 확인하고자 제품 B의 품질, 가격, 제공 조건 등을 검토하고 다른 공급 업체와 비교한다.

2. 비교와 대조: 제품 B를 다른 제품과 비교해 장단점을 평가하며 제품 B를 선택하는 게 비즈니스에 어떤 영향을 미칠지 고려한다.

　　　　　　　　　　　적을 만들지 않고 이기는 말하기 기술

3. 파악과 의심: 상대의 이익을 얻는 방식을 파악하고 그들이 당신의 회사에 어떤 이익을 제공하는지 확인한다. 비즈니스 전략과 목표에 부합하는지 의심한다.

4. 조언: 독립적인 비즈니스 컨설턴트나 전문가와 상담해 조언을 얻을 수 있다.

정확한 출처가 무엇인지 확인하라

법칙 2.

말싸움을 하다 보면 타인의 말을 인용하거나 전문가의 말을 빌리거나 미디어에 나온 말을 언급한다. 그런데 자세히 살펴보면 출처가 명확하지 않은 경우가 많다.

쇼펜하우어의 말처럼 청중은 무지해서 자주 사용하는 게 권위자의 말이거나 보편적인 견해라고 말한다. 하지만 자세히 분석해보면 근거가 부족할 때가 많다. 이를테면 "유튜브 보니까 그러던데." "한 연구에서 봤어."라고 말하는 식이다. 유튜브에 나온 모든 주장이 사실은 아닐 것이며 한 연구라는 것도 뜬구름 잡는 이야기다.

적을 만들지 않고 이기는 말하기 기술

상대가 권위를 이용할 때는 차분한 어조로 말하라. "어떤 연구였어?" "출처가 궁금해." "링크 좀 보내줄래?" "자세히 알려줄래?"처럼 말이다. 상대가 명확한 근거를 제시한다면 그걸 바탕으로 나의 근거를 말하라. 상대가 멈칫한다면 내가 카운터 펀치를 날린 것이다. 상대가 권위를 들이밀 때면 휘말리지 말고 출처를 확인하라는 것이다.

유튜브를 보면 권위자와 전문가가 넘쳐난다. 아니면 말고 식의 정보들도 많다. 유튜브의 패턴을 보면 통상 4단계를 거치는 것 같다.

첫 번째 단계는 겸손의 시기다. 유튜브를 처음 시작하면 정성을 들이고 정보를 검증해 올린다. 어떤 반응이 올지 모르기 때문이다. 두 번째 단계는 겸손이 어려운 시기다. 구독자가 서서히 올라오며 자신감이 생긴다. 반응이 있으니 신이 나 다양한 정보를 올리기 시작한다. 세 번째 단계는 자칭 전문가 시기다. 본인이 그 분야를 전문적으로 공부하지 않았음에도 구독자가 곧 권력이 되어 스스로 전문가라고 착각한다. 자기 확증적 편향에 빠지는 것이다. 마지막은 교주의 단계다. 자신만의 왕국을 건설해 구독자를 관리하며 자신의 주장과 배치되는 내용은 거부한다. 자신이 알고 있는 단편적 정보를 지식이라고 생각하는 경우다.

그들과 토론할 때는 자신이 만든, 검증되지 않은 권위를 가져올 것이다. 그때 질문해야 한다. "정확한 출처가 무엇인가요?"

순환논법에 대해 완벽하게 인지하라

법칙 3. 법칙 33.

순환논법은 증명되지 않은 전제를 근거로 삼는 방법이다. 예를 들어 '이 책이 사실이니 진리다'라는 표현이 있을 것이다.

상대가 증명되지 않은 걸로 우길 때가 있다. 우기기 시작하면 답이 없다. 아무리 설득해도 말을 듣지 않는다. 그럴 때면 기분 나쁘지 않게 증명되지 않은 내용을 추후 확인해 달라고 말하는 편이 좋다.

상대는 논리적 허점과 문제를 갖고 있지만 우기면서 주장하니 설득한다고 해도 잘 되지 않을 테니 말이다. 차라리 이해하는 게 더 나을 수 있다.

적을 만들지 않고 이기는 말하기 기술

그럼에도 단계적으로 대응하자면, 우선 상대의 의도를 파악하는 노력이 필요하다. 왜 그런 논리적 결함을 사용하는지 이해하자. 다음 단계는 주장을 뒷받침하고자 더 객관적이고 논리적인 근거가 필요하다고 지적하는 것이다. 논리적 근거나 증거를 대안으로 제시하는 것도 한 방법이다.

반대로 상대가 내게 증명이 안 된 순환논법이라고 몰아붙일 수 있다. 나의 논리적 근거가 미흡하고 전제가 잘못되어 있다며 쏘아붙여 내 논리의 출발점부터 혼란스럽게 하려는 의도다. 그럴 때면 어떤 점이 잘못되었는지 정중히 되묻곤 상대의 대답을 듣고 판단해도 충분하다.

상대가 어떤 의도를 가졌는지 조심하라

법칙 4. 법칙 14.

상대가 나 혹은 이 상황을 정의하고 비유하고자 할 때 조심해야 한다. 틀 짓기로 몰아갈 수 있기 때문이다.

이를테면 "너는 갈대 같아, 줏대가 없잖아."라고 말하면 기분도 좋지 않을 뿐만 아니라 진짜 그런 사람으로 보여질 수 있다. 그럴 때는 즉시 반박해야 한다. "야, 뭐 그런 심한 말을 하냐. 나 갈대 같지 않아. 내가 얼마나 올곧은데. 지난번 일도 그렇잖아." 또는 "말이 좀 심하다! 내가 얼마나 올곧은데."라는 식으로 말이다. 그러고 나서 상대에게 어떤 의도로 그런 말을 했는지 되묻는 것도 좋은 방법이다.

적을 만들지 않고 이기는 말하기 기술

비유나 정의는 나를 그렇게 규정지으려는 시도의 일환이기 때문에 잘 대처해야 한다. 특히 타인이 함께 있다면 더욱 조심해야 한다. 나를 모르는 사람이 "갈대 같다"라는 말을 들으면 나를 줏대 없는 사람이라고 선입견을 가질 수 있기 때문이다. 하지만 그 비유를 내가 수용할 수 있고 나의 평판에 영향을 끼치지 않는다고 생각하면 정색하지 않고 넘어가도 된다.

상대의 양자택일에 응하지 마라

법칙 5.

상대가 추궁하듯 "예, 아니오" "이거야, 저거야"라고 압박한다면 절대로 응하지 마라. 상대의 양자택일에 대답할 의무는 없다. 차라리 "너무 극단적인 거 아냐? 생각 좀 하고 이야기해줄게."라며 시간을 버는 게 더 좋다. 일단 상대가 내게 양자택일을 요구하는 건 무례한 일일 수 있다. 의견을 구하면 되는 것이지 선택을 요구할 순 없다. 물론 관계가 좋고 분위기도 좋다면 수용할 수 있겠지만 격앙된 상태에서 양자택일은 거부하는 게 맞다. 그리고 왜 양자택일을 해야 하는지, 왜 그런 극단적인 선택을 강요하는지 묻는 게 현명할 것이다.

구체적으로 풀어달라고
요구하라

법칙 6.

쇼펜하우어의 말처럼 보통 사람들은 권위에 의존한다. 이를테면 대체로 잘 모르는 희랍어와 라틴어를 사용하면 있어 보인다고 말한다. 주변을 보더라도 어려운 용어를 사용하거나 굳이 영어를 사용하는 사람들이 있다.

그럴 때는 정중하게 구체적으로 풀어달라고 요구하는 게 좋다. 특히 생경한 용어를 쓴다면 풀어달라고 요청하라. 겁먹을 필요 없다. 상대가 "그것도 몰라?"라며 핀잔을 주는 경우도 있을 것이다. 그때는 상대의 용어 풀이를 잘 들은 후 질문하라.

상대의 지식 자체가 결코 깊지 않고 얕다는 걸 공격하는 것이다. 용어의 어원, 학자 연구의 근거, 사용 분야 등 출처와 근원에 관해 질문하면 당황할 것이다.

이를테면 레드오션이나 블루오션이라는 용어는 잘 알고 있지만 언제 누가 어떤 분야에서 처음으로 사용했는지는 잘 모르지 않는가? 근거의 출발을 물으면 상대는 다소곳해질 것이다.

정리하자면 우선 상대의 답변을 듣고 질문하자. 답변을 듣고서도 이해가 되지 않으면 어원이나 출처 같은 깊이 있는 질문을 하자. 겁먹지 말고 당연함에 질문하는 것이다.

니콜라스 코페르니쿠스(Nicolaus Copernicus)도 천체가 지구를 중심으로 돌아간다는 16세기 당시의 당연한 이치에 의문을 품고 질문했기에 지동설(地動說, 태양중심설)을 완성할 수 있었다.

상대의 질문에
일일이 답하지 마라

법칙 7. 법칙 8. 법칙 25. 법칙 28. 법칙 30.

두서없는 질문을 던져 작지만 시인과 동의를 구하려 하는 것이다. 쇼펜하우어는 '예'라는 답을 얻는 게 매우 중요하다고 판단했다. 청중은 시인을 받는 순간 전체 주장도 인정하는 것으로 믿기 때문이다. 결국 두서없이 질문하는 것도 나의 실수와 '예'라는 작은 부분의 인정을 받기 위함이다.

그럴 땐 절대로 '예'라고 하지 마라. 설령 '예'라고 해야 한다면 조건을 달아라. " ~ 하는 한에 있어서 인정하는 것이다." " ~ 일 때는 어느 정도 인정한다."라는 식으로 조건을 다는 게 중요하다. 상대는 나의 작은 인정을 주장 전체의 인정으로 몰아갈 확률이 있기 때문이다.

두서없는 질문에는 일일이 답할 필요가 없다. 우리는 피의자가 아니다. 주도권을 갖길 원하는 사람은 질문의 키를 쥐고 나의 답변을 기다릴 테니 휘말릴 필요가 없다.

역질문을 하는 것도 좋은 방법이다. "그럼 너는 어떻게 생각하는데? 너의 입장은 뭐야?"라는 식으로 되묻는 것이다. 절대로 상대의 페이스에 휘말리면 안 된다. 핵심에 집중해야 한다. 질문에 일일이 응대하다 보면 상대의 질문에 대한 답을 하다가 내 주장을 펼치지 못할 수 있다.

질문의 내용이 중요한 게 아니라 논지의 핵심이 중요하다는 걸 잊지 말자. 그리고 왜 상대가 집요하게 질문하는지 생각해보자. 나를 이기고자 하는 마음이 있기 때문이 아닐까?

이를테면 생방송 진행자는 질문하는 사람이다. 그런데 일방적으로 진행하다 보면 출연자 입장에선 당황스럽다. 그때 진행자를 골탕 먹이는 방법 중 하나는 진행자에게 역으로 질문하는 것이다. 질문만 하는 사람에게 역으로 질문하는 건 꽤 효과적인 방법이다.

그런데 상대가 "묻는 말에만 대답해, 자꾸 말대답하지 말고."라는 식으로 나온다면 상대가 나를 어떻게 생각하는지 알 수 있다. 그런 사람과는 더 이상 대화할 필요가 없다. 그때는 자리를 피하라.

A와 B는 환경 문제에 관한 토론을 하고 있다. A는 기후 변화의 대책으로 태양열 발전을 주장하는데 B는 계속해서 A에게 "태양열 발전에도 단점이 있을 텐데, 무엇인지 말해봐."라고 질문하면서 A에게서 부정적인 면을 찾으려고 한다.

1. 정중한 응답: "그렇습니다, 태양열 발전에도 일부 단점이 있습니다."라고 시작해 상대의 의견을 존중한다.

2. 명확한 답변: 태양열 발전의 일부 단점, 예를 들어 날씨에 따른 효율의 변동성이나 초기 설비 투자 비용 등을 간략히 언급하면서도 단점을 극복하기 위한 기술 발전이나 지속 가능한 솔루션에 관한 정보를 제공한다.

3. 논의 핵심으로 돌아가기: "우리의 목표는 기후 문제의 대응책을 찾는 것이며 태양열 발전은 그중 하나일 뿐입니다."라고 말하며 토론의 핵심으로 돌아간다.

4. 구체적인 예시 제공: 태양열 발전이 성공적으로 사용되고 있는 국가나 프로젝트에 관한 구체적인 사례를 들어 주장을 강화한다.

상대에게
적개심을 드러내지 마라

법칙 9. 법칙 10. 법칙 11.

별것 아닌 일로 대화하다가 어떤 이유 때문인지 화가 나서 의도하지 않았지만 오버하는 경우가 있다. 이성적으로 대응하다가도 어떤 촉발점이 생기면 감정의 폭풍우에 휩싸이면서 걷잡을 수 없는 기싸움으로 이어진다.

그런 상황이 지난 후 심한 자책이 몰려온다. '내가 화를 낸다고 문제가 해결되겠는가?' '상대를 눌러서 기분이 좋은가?'라면서 말이다. 그런데 꼭 그렇진 않은 것 같다.

그때 필요한 게 바로 메타인지다. 상황을 객관적으로 보는 힘이다.

적을 만들지 않고 이기는 말하기 기술

자문해보라. '내가 화를 낸다고 이 문제가 해결될까?' '내일 아침 후회하지 않을 자신이 있는가?'처럼 말이다.

내가 코칭하는 리더들의 고민 중 하나는 부하 직원에게 좋은 의도로 면담을 시작했지만 상대의 태도가 못마땅해서 애초의 의도와 다르게 화를 내며 마치곤 한다는 것이다. 논쟁할 때는 나나 상대나 각성이 올라온 상태다. 그때 냉정을 유지하는 게 진정한 승자다.

쇼펜하우어의 주장에 따르면 상대는 끊임없이 나를 화나게 만들고자 노력할 것이다. 하여 화를 내면 집요하게 물고 늘어지라는 주장은 비록 사술이지만 효과적일 수 있다. 화가 나면 이성적 기제가 아니라 감성적 기제가 작동해 실수할 확률이 높아지기 때문이다.

참고 적개심을 드러내지 마라. 상대가 저질의 방법을 쓴다면 나는 여유 있고 차분한 고급의 기술을 사용해야 한다. 상대가 계속해서 인신 공격 등으로 나를 화나게 한다면 내 감정을 말하는 'I-메시지'를 사용하는 것도 좋은 방법이다.

"네가 계속해서 나에 대해 이렇게 말을 하니 내가 화날 것 같아. 우리 이러지 말고 차분히 이야기하자."라는 식으로 말이다. 상대가 소리를 지른다고 나도 똑같이 큰소리로 맞대응하면 파국으로 치달을 것이다.

그렇다고 소리를 너무 낮추는 것도 좋지 않다. 상대의 격앙된 목소리에 비해 한 톤 정도만 낮은 목소리로 나의 의사를 전하는 게 효과적이다. 상대는 너무 격앙되어 있는데 나만 아무렇지 않은 듯 톤을 너무 낮추면 상대가 오히려 더 화를 낼 수 있다. 커뮤니케이션은 상대적이다. 상대의 반응에 근거해 나의 포지션을 정하자.

A와 B는 프로젝트 팀에서 협업하고 있다. 어느 날 A가 B에게 "프로젝트에서 네가 기여하는 부분이 부족한 것 같아, 왜 그런 거야?"라는 식의 비판적인 의견을 내면서 말싸움이 시작되었다.

1. 침착함 유지: B는 감정을 조절하고 침착하게 대응하려 노력해야 한다.

2. 비공격적 언어 사용: B는 "내가 기여하는 부분이 부족하다는 점에 대한 의견을 자세히 듣고 싶어. 어떤 부분에서 그렇게 느끼는지 더 설명해줄 수 있을까?"와 같이 감정적인 비난은 피하고 세부적인 정보를 요청하는 비공격적인 언어를 사용해야 한다.

3. 이해하려 노력하기: B는 A의 의견을 이해하려고 노력하고 A가 어떤 부분에서 B의 기여를 부족하게 느끼는지 파악하려고 노력한다.

4. 논리적으로 응답하기: B는 자신의 입장을 논리적으로 표현하면서 프로젝트에 어떻게 기여할 수 있는지에 대한 구체적인 예시를 제시한다.

적을 만들지 않고 이기는 말하기 기술

5. 효과적인 의사소통 기술 사용: B는 "우리는 팀으로 협력하면서 목표를 달성해야 하니 어떤 방식으로 나를 포함시키면 좋을지 논의하고 싶어."처럼 효과적인 대화를 이어간다.

6. 타이밍 고려: A와 B 모두 상황이 고조될 때면 대화를 잠시 중단하고 나중에 조용한 환경에서 대화할 것을 제안한다.

가급적 침묵하지 말고 질문하라

법칙 12.

커뮤니케이션에서 침묵은 많은 의미를 담고 있다. 상대의 말을 듣는 경청의 의미도 있고 인정과 수긍의 의미도 있다. 때로는 거절과 무시의 의미도 있다. 반면 토론에서 침묵은 통상 상대의 의견을 인정하거나 내가 아무 의견도 없다는 의미를 가진다.

각자 증명의 부담을 가진다. 의견을 개진한 사람은 주장을 증명해야 할 부담이 있고 상대는 반박해야 할 부담이 있다.

침묵하면 상대의 의견에 동조한다는 의미일 수 있으니 가급적 침묵은 피하라. 할 이야기가 없다면 질문을 던져 상대의 의견과 의중을 더 들어보는 것도 좋은 방법이다.

　내가 침묵하면 상대는 나의 약점이라 생각하고 더 집요하게 공격할 것이다. 말문이 막힐 것에 대비해 멘트를 생각하는 것도 한 방법이다. "그 문제는 내가 더 고민해볼게."라는 식으로 말이다.

내 주장은 좁게,
상대 주장은 넓게 해석하라

법칙 13. 법칙 15. 법칙 20. 법칙 29.

논리적 토론에서 자주 사용한다. 상대가 내 말을 왜곡하거나 확대 해석해 결론을 내리는 방법이다. 정신을 차리지 않으면 쉽게 당한다. 따라서 말을 할 때는 조건을 다는 게 중요하다. 일반화하는 순간 공격받을 거리가 많아진다는 걸 명심하자.

일반적으로 내 주장은 좁게 상대 주장은 넓게 해석하는 게 유리하다. 상대가 공격할 때면 나는 여기에 국한해 말했을 뿐이라고 하며 과장하지 말라고 경고하는 것도 좋은 방법이다. 상대는 계속해서 내 의견을 확대해석해 자신에게 유리하게 만들고자 할 것이다.

적을 만들지 않고 이기는 말하기 기술

특히 단어와 표현에 집중해야 한다. 내가 하지 않은 말을 하진 않는지, 과장하고 있진 않는지 확인해야 한다.

이를테면 A가 약속 시간에 자주 늦는 것에 대해 내가 한마디 했을 뿐인데 그 말을 들은 상대가 말하길 내가 A를 비난했다고 한다면 명백히 과장한 것이다. A의 특정 행동에 대해 지적했을 뿐 비난한 건 아니기 때문이다.

부부 싸움할 때 남편이 질 확률이 아주 높다고 한다. 평균적으로 부인의 기억력이 좋기 때문이라는데, 이를테면 남편의 실수는 대부분 술과 관련되어 있어 그 시점에 정확히 어떤 말을 했는지 기억이 나지 않는다.

그런가 하면 지금 여기서 일어난 일임에도 부인은 과거 이야기를 꺼내 나의 태도를 일반화하려 한다. 그럴 때는 오늘 벌어진 일에 대해서만 말하자고 계속해서 말해야 한다. 그렇지 않으면 과거의 수많은 사례로 '나는 늘 술 먹고 실수하는 불성실한 남편'이라는 굴레에서 벗어나기 어려울 것이다.

결국 프레임이다. 어떤 시점에서 어떤 것을 어떻게 보는지에 따라 승패가 달라진다.

청중을 이용하든지
청중을 설득하라

법칙 16.

토론의 승패는 청중이 결정한다. 공식 토론에선 찬반 양측이 치열하게 논쟁을 벌인 후 어느 쪽이 더 논리적으로 상대를 설득했는지 청중이 판단한다. 쇼펜하우어 역시 무지한 청중을 이용하든지 권위로 청중을 설득하라며 청중의 중요성을 강조했다.

하지만 일상의 논쟁에선 청중이 아닌 한두 명의 사람만 있을 확률이 높다. 일상 대화를 이어가다가 논쟁으로 번지는 경우가 많기 때문이다. 이를테면 상대가 타인과 친밀도가 높은 상황에서 상대가 이미 그와 함께 주제와 관련된 대화를 하고 교감까지 나눴다면 그 자리에

적을 만들지 않고 이기는 말하기 기술

서 무슨 말을 하려 해봐야 한계가 명확하다.

그때는 주장을 강하게 피력하기보다 상대의 이야기를 들으며 모순점과 한계를 차분하게 지적하는 게 효과적일 수 있다. 그리고 무조건 나의 주장이 옳다고 고집하기보다 상대의 주장을 인정하되 다른 가능성도 있다는 걸 고급스럽게 피력하는 게 좋다.

특히 현 상황과 나의 입장을 차분하게 설명할 필요가 있다. 만약 타인이 상대와 접촉도가 낮다면 나의 주장을 진지하게 설명하는 게 효과적이다. 그때도 소리 높여 장황하게 말하지 말고 핵심만 이성적으로 말하는 게 좋다. 타인이 나의 주장을 인정하는 분위기라면 상대는 큰 타격을 받을 것이다.

나의 주장을 길고 힘있게 말하는 건 중요하지 않다. 비언어적으로는 여유 있게 언어적으로는 차분하게 말하는 게 설득에 효과적이다.

A와 B는 회의에서 프로젝트 진행 방식에 대해 논의하고 있다. A가 제안한 방법에 대해 B는 동료 C를 이용해 비판적인 의견을 제기하고 있다.

1. 직접 응대하지 말고 핵심 질문 제시하기: A는 B가 C를 이용해 제기한 의견에 직접 반응하지 않고 "C님의 관점을 좀 더 듣고 싶습니다. 어떤 부분에서 어떤 의견을 갖고 계신가요?"와 같은 핵심 질문을 한다.

2. 자기 주장 분명히 하기: A는 B가 공격적인 태도를 보임에도 불구하고 "제안한 방법이 프로젝트에 어떻게 도움이 될 것인지에 대해 이야기하고 싶습니다. 특별한 우려 사항이 있나요?"와 같이 자기 주장을 분명히 한다.

3. 객관적인 입장 유지하지: A는 B가 C를 이용해 제기한 의견에 감정적으로 반응하지 않고 "C님의 의견을 더 듣고 토론을 이어가겠습니다."와 같이 입장을 객관적으로 유지하려고 노력한다.

4. 상황에 대한 이해 표현하기: A는 B의 의견에 이해를 표현하며 "C님의 의견에 주목하고 싶습니다. 특별한 경험이나 관점이 있나요?"와 같이 예의 바른 태도를 보인다.

5. 합의점 찾기: A는 B와 C의 의견에서 공통된 부분이나 합의점을 찾아내려고 노력한다. "모두의 의견을 조합해 효과적인 해결책을 찾아보는 게 어떨까요?"와 같이 합의점을 찾는 방안을 제시한다.

적을 만들지 않고 이기는 말하기 기술

유사시
빠르게 인정하고 사과하라

법칙 17. 법칙 18. 법칙 19. 법칙 22.

내가 실수를 했거나 상대의 페이스에 말려 잘못된 근거나 사례를 들었다면 빠르게 인정하고 철회하는 게 좋다. 상대는 나의 잘못된 증거 하나로 나의 타당한 주장 전체를 훼손할 수 있기 때문이다.

빠른 인정과 사과로 새롭게 시작할 수 있다. 계속 방어를 하다 보면 나는 신뢰를 잃을 수 있고 단 하나의 사례를 방어하느라 전체의 주도권을 뺏길 수 있다.

상대가 과거 나의 행동과 말이 모순되는 점을 찾아 지적하는 경우도 마찬가지다. 그때 상황 논리상 그런 생각을 했지만 지금은 달라졌다는 식으로 말하며 전체의 주도권을 잃지 말아야 한다. 우겨봐야 타격만 받는다. 감정적으로 대응하지 말고 잘못된 부분에 대해 빠르게 인정하는 게 좋다.

얼마 전 한 연예인이 음주 사고를 내고 도주한 사건이 있었다. 그는 매니저에게 대신 자수하라고 시켰고 문제가 커지면서 거짓말에 거짓말이 얹히며 벌금형으로 끝날 일을 구속까지 되기에 이르렀다.

논쟁에서 나의 모순과 약점은 빨리 털고 가는 게 좋다. 그런데 내가 실수를 인정했음에도 상대가 계속해서 하나의 사례만 집중적으로 공격한다면 오히려 상대의 치졸함을 부각시키는 것도 방법이다. "왜 당신은 나의 단 하나의 사례만으로 말씀을 하시나요? 본질은 그 사례가 아니라 나의 주장입니다."처럼 말이다.

A는 프로젝트 회의에서 괜찮은 제안을 했지만 B로부터 이전 회의에서의 발언과 모순되는 내용을 지적받는다. A는 이전 회의에서 프로젝트 방향성과 관련해 "우리는 효율적인 방향으로 진행해야 한다."라고 언급했는데 이번 회의에선 그와 모순된 새로운 제안을 했기 때문이다.

1. 감정적 반응 피하기: 지적받았을 때 감정적으로 반응하지 않도록 노력하며 냉정하게 대화할 수 있는 상태를 유지한다.

적을 만들지 않고 이기는 말하기 기술

2. 자기 반성 및 정정하기: "네, 그렇습니다. 이전에는 효율성을 강조했는데 이번 제안은 그와 모순됩니다. 죄송합니다. 더 자세하게 설명을 드리고자 합니다."와 같이 모순된 부분을 인정하고 정정한다.

3. 핵심 메시지 강조하기: "무엇보다 중요한 건 효율적인 방향으로 프로젝트를 진행하려는 것입니다. 이번 제안이 어떻게 그 목표에 부합하는지 설명하겠습니다."와 같이 주제와 연관된 핵심 메시지를 강조한다.

4. 토론의 핵심으로 돌아가기: A는 모순된 부분에 대한 설명을 마친 후 토론의 핵심으로 돌아가려고 노력해야 한다. "제안이 모순된 부분에 대한 설명은 이렇습니다. 그러나 우리가 진행하려는 프로젝트의 핵심 목표는 여전히 효율성을 갖추는 것입니다."와 같이 토론의 방향을 조절한다.

너무 극단적이라고
재빨리 반박하라

법칙 22.

상대는 틀 짓기를 하려고 노력할 것이다. 진보 좌파, 꼴통 보수, 게으른 사람, 성격이 급한 사람이라는 프레임 안에 갇히면 꼼짝 없이 그런 사람이 되고 만다. 특히 그 자리에 타인이 있다면 프레임에서 빨리 벗어나야 한다.

말이 많은, 소위 설레발 치는 친구들은 아무 생각 없이 말을 툭툭 던지는 경우가 많다. "밥값 좀 내라."라든지 말이다. 그동안 밥값을 자주, 아니 많이 냈음에도 불구하고 실없는 친구들은 이런 식으로 말하는 것이다. 그때는 바로 정정할 필요가 있다.

적을 만들지 않고 이기는 말하기 기술

상대가 프레이밍을 시도하면 너무 극단적이라고 반박하라. 세상은 이분법으로 구분할 수 없고 다양하다는 걸 강조하라. 역공으로 세상을 그런 식으로, 이분법적인 시선으로 보면 다양한 시각을 가질 수 없다고 말하는 것도 좋다.

언제나
논점으로 돌아와야 한다

법칙 23. 법칙 32. 법칙 34. 법칙 37.

쇼펜하우어는 상대가 궤변을 늘어놓으면 나도 궤변으로 맞대응해야 한다고 말하지만, 나는 동의하지 않는다. 상대가 궤변을 늘어놓을 때 나는 오히려 차분하고 이성적으로 대응하는 게 효과적이다.

상대에게 정중히 문제 제기를 하고 다시 본래 주제로 돌아오는 게 좋다. 상대가 불리해지면 쟁점을 바꾸고자 할 것이다. 그때도 다시 주지시키고 본래 쟁점으로 돌아오도록 만들자.

물론 상대가 내 주장에 타격을 입고 다른 이야기를 시작한다면 상대의 상태와 분위기를 봐서 못 이기는 척하고 다른 주제로 넘어가도

적을 만들지 않고 이기는 말하기 기술

좋다. 하지만 상대가 고집을 부리면서 멋대로 주제를 바꾼다면 확실하게 알려주고 다시 본래 논점으로 돌아오는 게 효과적이다.

상대가 아리송한 명제를 제기한다면 어떤 의도인지, 어떤 내용인지 물어 그 스스로 함정에 빠지도록 하라. 상대도 잘 모르는 궤변이나 아리송한 명제에 대해선 질문으로 공격하는 게 좋다. "내가 이해를 잘 못했어. 알기 쉽게 설명해줄래?" 하는 식으로 말이다.

정리하자면 상대가 계속해서 딴소리를 하거나 궤변을 지속한다면 말하고자 하는 바가 무엇인지 정확하게 말해달라고 요청하라. 그리고 상대의 대답을 들으면서 논리적 연결 고리가 어떤지 살펴라.

핵심이 무엇인지
당당하게 물어라

법칙 24.

상대가 두서없이 길고 장황하게 말하면 "그래서 네가 하고 싶은 말이 뭐야?"라는 식으로 답하라. 상대는 당황해할 것이다. 즉 핵심이 무엇인지 요청하는 것이다.

상대가 길게 말하는 건 자신의 주장이 명료하지 않거나 숨기고자 하는 뭔가가 있을 때 나타나는 현상이다. 말을 잘하고 또 자신 있다면 핵심만 간략하게 말할 것이다.

말이 길어지면 잘 모르거나 의도가 있는 건 아닌지 의심해봐야 한다. 경험적으로 알 수 있듯 어렵거나 애매한 부탁을 할 때는 말이 길

적을 만들지 않고 이기는 말하기 기술

어지기 마련이다. 핵심 질문을 던져 상대의 의중을 파악하고 객관적인 사실을 확인하자.

상대가 장황하게 말하며 어려운 부탁을 할 것에 대비해 사전 준비를 하는 것도 한 방법일 것이다. "알았어, 내가 좀 더 생각해보고 말해줄게."처럼 말이다.

상대의 허구성과
논리적 허점을 공격하라

법칙 26. 법칙 27.

상황을 이성적으로 잘 판단해야 한다. 상대의 주장을 잘 듣지 못하면 상대의 거짓 추론에 속을 수 있다. 논쟁할 때는 상대 주장의 출발점, 즉 근거가 무엇인지 세심하게 따져야 한다.

피상적인 듣기가 아니라 상대의 보이는 주장과 이면의 의도까지 살펴볼 필요가 있다. 특히 상대가 멋대로 결론을 내려버린다면 동의하지 않는다고 말한 후 근거가 무엇인지 따져라. 즉 근거와 전제를 확인하고 다른 전제를 사용하지 않는지 확인해야 하는 것이다.

권모술수가 능한 사람은 뻔뻔하게 결론을 내리고자 한다. "그럼,

적을 만들지 않고 이기는 말하기 기술

이렇게 생각하면 되는 거지?"라는 식으로 말이다. 그때는 "아니, 난 그렇게 결론 내린 적 없어. 네가 어떻게 그런 식으로 생각하고 결론을 내렸는지 알려줄래?"라는 식으로 답하라.

A와 B는 신제품 출시 마케팅 전략을 논의 중이다. A는 특정 타깃 시장이 원하는 제품의 데이터를 제시하며 디지털 마케팅이 필요하다고 주장했다. 그러나 B는 "우리 제품은 이미 많은 고객에게 인정받았고 광고 없이도 충분히 팔릴 것이다."라는 전제를 세우고 있다.

1. 사실 확인과 반박: A는 B의 주장에 관한 사실을 확인하고 "우리는 제품에 관한 시장 조사를 했고 타깃 시장이 디지털 마케팅을 원한다는 데이터가 있습니다. 실제로도 디지털 마케팅으로 판매를 증가시킬 수 있을 것으로 기대하고 있습니다."와 같이 반박한다.

2. 논리적으로 해석된 다른 전제 제시: A는 "우리 제품이 이미 많은 고객에게 인정받았다는 전제는 맞지만 새로운 고객층으로 확장하고 판매를 증가시키기 위해선 디지털 마케팅이 필요합니다. 새로운 시장에 접근하는 게 우리 비즈니스에 긍정적인 영향을 미칠 것입니다."와 같이 또 다른 논리적인 전제를 제시하는 것도 한 방법이다.

3. 객관적인 정보 제공: A는 타깃 시장과 관련된 실제 데이터나 성공 사례를 제시해 객관적인 정보를 제공하고 "디지털 마케팅이 성공적으로 기능할 수 있는 근거입니다."와 같이 설명한다.

4. 합의점 찾기: 가능하면 B와의 합의점을 찾아 토론을 보다 더 건설적으로 이끌어 나가면 좋을 것이다. "제품의 이미지를 유지하면서도 새로운 고객을 확보하는 방법에 대해 어떻게 생각하시나요?"와 같이 공통된 목표를 찾아내는 게 중요하다.

적을 만들지 않고 이기는 말하기 기술

조건부 주장은
하지 말라고 말하라

법칙 31.

나의 주장과 공격을 특정 조건으로 회피하는 경우가 있다. " ~ 조건에서만 가능하다고 말한 거지. 항상 그렇다고 말한 건 아냐."라는 식이다. 조건이라함은 특정 시기, 특정 상황 등이다. 예를 들어 상대가 행사 진행을 도와주기로 했는데 갑자기 못 오겠다고 말하며 "나는 00가 오면 가려고 했지."라고 말하는 식이다. 조건부 주장을 하는 것이다. 처음부터 그랬다면 이해되지만 본인이 불리한 시점에 조건을 단다. 그때는 조건부 주장을 하지 말고 본심과 의견이 무엇인지 물어보는 게 좋다. 그런 조건을 듣지 못했다고 알릴 필요도 있다.

굴하지 말고
다시 쉽게 설명하라

법칙 35.

쇼펜하우어는 권위 있는 사람이 상대를 공격할 때면 "무슨 소리인지 모르겠는데."라고 답하라고 한다. 칸트가 『순수이성비판』이라는 어려운 명저를 출간했을 때 그를 싫어하는 당대 권위 있는 철학자들이 이 방법을 사용했다. 그러니 충분히 설명했음에도 상대가 딴청을 피우면서 무슨 말인지 모르겠다고 말하면 다시 설명하라. "다시 쉽게 설명할 테니 모르는 부분이 있으면 바로 물어봐."라는 식으로 상대에게 빈틈을 주지 말자. 상대가 모르겠다고 하는 건 그 자신이 관심이 없든지 이해하지 못했든지 반격할 게 없을 때 나오는 말이다.

적을 만들지 않고 이기는 말하기 기술

실제는 다르다는 증거를 따져 물어라

법칙 36.

경험이 일천한 사람을 공격할 때 자주 쓴다. 이론이 맞으면 대체로 실제로도 맞는데 경험이라는 변수로 상대를 무시하는 것이다. "잘 모르셔서 그러시는데요, 현장은 다릅니다."처럼 말이다.

상대가 경험을 내세워 공격하면 "처음부터 경험하는 사람은 없다"든가 "이론적으로 잘 알고 있으니 경험으로 더 좋은 결과를 가져올 것"처럼 말하면 된다. 같은 상황이지만 어떻게 보는지에 따라 완전히 달라지는 것이다. 경험이 없는 게 오히려 장점일 수 있다. 새로운 시각과 열정으로 임할 수 있기 때문이다.

A와 B는 신제품 출시 마케팅 전략을 논의 중이다. A는 특정한 디지털 마케팅 캠페인을 제안하며 이론적으로 효과적일 거라고 주장한다. B는 "이론적으로는 좋아 보이지만 이미 비슷한 캠페인을 했을 때 성과가 좋지 않았다."라고 주장하며 A의 제안을 반박하고 있다.

1. 실제 사례와 데이터 제시: A는 B에게 "이전의 캠페인에서 어떤 부분이 실패했는지 구체적으로 알 수 있을까요? 그리고 제안한 캠페인이 그 사례와 어떻게 다른지 설명해주실 수 있을까요?"와 같은 질문으로 B의 주장에 대한 구체적인 정보를 요청한다.

2. 일관성 확인: A는 B의 주장이 일관성을 갖고 있는지 확인하고 "저는 이 캠페인이 이전의 실패와 다른 특징을 지니고 있다고 생각합니다. 그럼에도 불구하고 어떤 부분이 더 고려되어야 할까요?"와 같이 일관성을 확인하는 질문을 던진다.

3. 협력적인 토론 제안: A는 "둘 다 같은 목표를 갖고 있습니다. 실패에서 배운 점을 활용해 새로운 전략을 만들어보는 건 어떨까요?"와 같이 협력적인 토론을 제안해 해결책을 찾아가기 위한 노력을 보여준다.

적을 만들지 않고 이기는 말하기 기술

상황을 통제해
적절히 마무리하라

법칙 38.

쇼펜하우어는 인신 공격은 이성이 아닌 본능, 야수성에 근거한 거라고 말한다. 인간이길 포기하고 상대의 약점만 공격하는 비열한 짓이다. 하지만 논쟁 현상에선 자주 일어난다. 감정의 폭풍우에 휩싸였기 때문이다. 상대가 인신 공격을 감행했을 때 맞받아친다고 해서 상황이 크게 달라지진 않는다. 만약 내가 잃을 게 많다면, 또 주변에 사람이 많다면 인신 공격으로 맞대응해봤자 별 이득이 없을 것이다.

그러니 우선 참아라. 그리고 왜 이렇게 흥분한 상태에서 이런 태도를 보이는지 상대에게 따져 물어라. 너무 차분하게는 말고 상대보다

한 톤 정도 낮추는 게 좋다. 상대가 인신 공격을 하는 건 상대가 논리가 없고 화가 나 코너에 몰렸기 때문이라고 생각하자. 그러면 행동을 어떻게 하는 게 좋은지 판단이 설 것이다. 개싸움보다 평화가 낫다.

보이는 모습은 상대가 이기는 듯한 모습일 수 있다. 큰소리로 많은 이야기를 주고 받고 인신 공격으로 내게 상처를 주기 때문이다. 하지만 나도 똑같이 인신 공격을 해봐야 얻는 건 많지 않을 것이다.

침묵하라는 게 아니다. 차분한 어조로 인신 공격의 부당함과 치졸함을 말하라. 감정 표현을 최소화하고 진정하고자 노력하는 모습을 보여주는 것만으로도 상대에게 강력한 메시지를 보내는 것이다.

상대는 계속해서 인신 공격을 감행하겠지만 한 발 물러서자. 나중에 상대는 후폭풍을 겪을 것이다. 팩트로는 논리적, 이성적 대응이 안 되니 인신 공격을 한 것이다. 상황을 차분히 통제해 적절히 마무리하는 게 진정 나를 지키는 기술이다.

A와 B는 프로젝트 팀에서 협업 중이다. 팀이 프로젝트 일정을 지키지 못한 것에 대해 논의 중인 와중에 B는 A를 향해 "당신은 항상 늦어요. 프로젝트를 망치는 건 당신 잘못입니다."라는 식의 인신 공격을 하고 있다.

1. 침착한 반응: 감정적으로 반응하지 않고 침착하게 대응해야 한다. "현재 프로젝트는 어려운 상황에 직면해 있습니다. 이를 함께 해

결하려면 어떤 조치를 취할지 논의해보는 게 중요합니다."라는 식으로 말한다.

2. 사실 기반의 반박 제시: A는 '늦음'이라는 주장에 대해 구체적인 사례를 들어 반박한다. "지난주에는 불가피한 문제로 일정이 지연되었지만 그 이전까지 일정을 준수했습니다. 어떻게 함께 해결할지에 대해 논의해보죠."와 같이 사실을 기반으로 반박한다.

3. 자기 주장 강화 및 협력적인 태도 강조: A는 "모두 이 프로젝트의 성공을 기원합니다. 각자의 강점을 활용해 어떻게 함께 팀으로서 성과를 끌어올릴지 고민해봐요."와 같이 자기 주장을 강화하면서도 협력적인 태도를 강조한다.

4. 상황 개선 방안 제시: A는 '늦음'에 대한 논쟁보다 어떻게 프로젝트 일정을 개선할 수 있는지에 대한 아이디어를 제시한다. "일정을 준수하기 위해 어떤 조치를 취할 수 있을까요?"와 같이 상황 개선에 집중한다.

5. 중립적인 언어 사용: A는 감정을 내세우거나 상대를 비난하지 않고 중립적인 언어를 사용해 토론을 이끌어 나가야 한다. "우리가 직면한 문제를 해결하기 위해 함께 노력해봐요."처럼 말이다.

5부

갈등의 논쟁을 넘어
건강한 토론까지

_ Beyond 쇼펜하우어

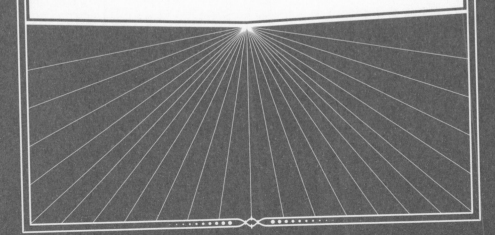

토론, 그리고 논쟁이란 무엇인가

쇼펜하우어의 『토론의 법칙』을 살펴보면 토론이라는 개념보다 논쟁, 논쟁이라는 개념보다 말싸움이라고 하는 게 적절해 보인다.

그는 고대부터 논리학과 논쟁술을 같은 개념으로 사용했다며 논리학은 이성적이고 토론은 감성적, 논쟁적이라고 규정하는 게 맞다고 주장한다. 그리고 토론은 정신으로 하는 검술이므로 내가 쓰러지지 않으려면 반드시 이겨야 한다며 『토론의 법칙』을 저술했다. 따라서 우리가 살펴본 건 '말싸움의 기술'이라고 보는 게 타당하다.

토론과 논쟁의 사전적 정의를 살펴보면 다음과 같다.

적을 만들지 않고 이기는 말하기 기술

토론: 어떤 문제에 대해 여러 사람이 각각 의견을 말하며 논의함.

논쟁: 서로 다른 의견을 가진 사람들이 각각 자기 주장을 말이나 글로 논하며 다툼.

이 정의를 보더라고 토론이 포괄적 개념이라면 토론 안에 있는 게 논쟁이며 논쟁이 격해지면 말싸움으로 번진다고 볼 수 있다. 사실 토론은 말싸움이 아니라 의견을 말하고 논의해 다양한 의견을 알아보는 커뮤니케이션이다.

토론(dabate)은 분리하다의 'de'와 라틴어로 전쟁, 치다를 의미하는 'battuere'의 합성어다. 즉 물리적 싸움에서 분리되어 말로 하는 전쟁, 논쟁이라고 볼 수 있다. 시간이 지나면서 약속과 규칙에 따라 의견을 논의하는 것으로 바뀐다. 토론(討論)을 한자로 보더라도 '討'(말을 나눠 쪼갠다)와 '論'(말을 돌려가며 진행한다)가 합쳐진 말이다.

토론에 대한 다양한 정의를 정리하자면, 판단을 내릴 수 있는 어떤 논제를 둘러싸고 여러 사람이 의견을 말하며 서로 공론하거나 논쟁해 분별력 있는 판단에 도달하는 거라고 볼 수 있다.

토론은 고대 그리스 아테네에서 시작되었다는 게 일반적인 견해다. 정치 민회와 법정 토론이 그 시작이다. 민주주의가 태동하며 시민들은 각종 정책을 논의하는 자리를 만든다. 바로 정치 민회로 이 토론의 장은 일주일 이상 개최되었으며 시민이라면 누구나 발언할 수 있었다. 그 공간이 바로 아고라(agora)다.

고대 그리스에서 토론이 시작된 곳은 법정이다. 당시 재산 분쟁이 빈번했기에 설득술과 토론술이 중요했다. 시민은 소송을 제기할 권리를 갖고 있었으며 배심원으로 참여해야 할 의무도 가졌다.

토론은 일상이었으며 생존을 위한 중요한 수단이었다. 프로타고라스(Protagoras)는 토론의 아버지로 불린다. 그는 "인간은 만물의 척도다."라는 유명한 말을 남겼는데 이어지는 말이 더 중요하다. "만물은 그런 것과 그렇지 않은 것으로 이뤄졌다."

모든 주장과 사상은 반대의 주장과 사상을 내포하고 있다는 뜻이다. 찬성과 반대의 인식 과정, 즉 토론으로 진리를 규명해야 한다는 것이다. 그런 의미에서 토론은 말싸움이 아니며 찬성과 반대, 각각에서 다양한 의견을 개진해 진리를 찾아가는 과정이다. 그 과정에선 규칙과 약속이 중요하다. 언제든 말싸움으로 번질 수 있기 때문이다.

그런 관점에서 보면 쇼펜하우어의 인간 분석은 일견 타당하다. 사악할 뿐만 아니라 토론에서 지력과 관련한 민감한 이슈, 즉 서로 비교하는 상황이 되면 말싸움으로 번진다는 걸 알았으니 말이다. 토론은 철저한 약속과 규칙 아래서 진행되어야 한다.

토론과 토의를 혼동하곤 하는데 둘은 현격한 차이가 있다. 토론은 찬반 의견이 명확한 한편 그걸 바탕으로 논하는 것이고, 토의는 찬반 의견이 있는 게 아니라 다양한 의견 개진으로 해결 방안을 모색하는 과정이라 볼 수 있다.

토론과 토의의 차이를 표로 정리하면 다음과 같다.

적을 만들지 않고 이기는 말하기 기술

○ 토의와 토론의 경우

	토의	토론
정의	특정 문제를 해결하기 위한 다양한 해결 방안을 모색하는 과정	특정 주제에 대한 찬성과 반대의 주장을 논하는 과정
특성	상호협동적, 협조적, 협력적	상호대립적, 공격적, 경쟁적, 논쟁적
목적	다양한 의견을 개진하고 교환하고 검토함	자신의 주장을 받아들이도록 제삼자인 청중을 설득함
효과	문제 해결책을 도출	문제 본질에 대한 이해를 높임
형식	비교적 자유롭게 발언	일정한 형식과 규칙에 따른 발언
결과	타협	승패
예	원전의 안전 운영 방안을 모색해야 한다	원전 건설을 지속해야 한다

그렇다면 이상적인 논의 과정은 무엇일까? 내가 생각하는 이상적인 논의 과정은 '토의 – 토론 – 재토의'다.

우선 어떤 사안에 대해 격의 없는 토의를 시작한다. 여기서 중요한 건 다양한 해결 방안과 의견을 모색하는 것이다. 토의는 규칙이 따로 없으며 누구나 편안하게 의견을 개진할 수 있다.

그렇게 개진된 다양한 의견 중에서 보다 구체적인 방안을 도출하고자 할 때 토론을 거친다. 특정 해결 방안에 대해 찬성과 반대를 정하고 방안의 장단점을 객관적으로 보는 것이다. 여러 의견 중 가장 합리적이고 실현 가능한 내용을 정하고 임의로 찬반을 나눠 토론한다. 그런 과정으로 사안을 다각도로 볼 수 있는 것이다.

찬반 토론이 끝난 후 재토의를 한다. 보다 구체적이고 실천적인 내용을 다룬다. 의견 조율 과정으로 최선의 해결 방안을 선택하는 것이다. 개인 간의 논의도 가능하다.

예를 들어 집 장만에 대해 논의를 한다면 구입이 좋은지 임대가 좋은지 허심탄회하게 토의를 거친다. 그중 가장 타당한 방안을 정하고 찬성과 반대의 내용에 대해 토론한다. 윤곽이 잡히면 구체적인 실천 방안을 위한 재토의 과정을 거친다.

적을 만들지 않고 이기는 말하기 기술

토론의
대표적인 논증체계

　토론은 약속이며 나의 주장과 상대의 주장을 한 테이블 위에 올려 두고 절차적 정당성과 이성적 논증으로 다양한 의견을 논의하는 과정이다. 그 과정에서 상대의 주장을 이해하고 나의 의견을 돌아본다. 합법적 방법에 따른 것이라면 쇼펜하우어가 말한 것처럼 정신으로 하는 검술이라는 의견이 타당하다.

　쇼펜하우어는 앞서 강조한 것처럼 토론을 반드시 이겨야 하는 싸움이라고 말했지만 통상적 토론은 그렇지 않다. 설령 내가 의견을 굽히고 수용하더라도 부끄러운 게 아니다.

힐러리 클린턴(Hillary Clinton)과 버락 오바마는 대학 시절 토론팀에 들어가 커뮤니케이션 능력을 발전시켰다. 특히 힐러리는 대학 시절 공화당 지지자였지만 토론팀에서 찬성팀과 반대팀을 교대로 참여하면서 민주당의 의견에 더 동조하고 결국 민주당에 가입했다. 토론의 힘을 보여주는 유명한 일화다.

정식 토론에서 주장은 크게 세 가지다. 수사학의 대가인 아리스토텔레스가 구분했다.

먼저 사실적 주장으로 팩트에 대한 논의다. 예를 들어 '개고기는 인체에 유익한 식품이다'라는 명제가 여기에 해당된다. 유익한지 그렇지 않은지를 가리면 된다. 시간으로 구분하자면 과거로 향해 있다. 법정 상황에 해당한다. 그 사건과 행위가 있었는지 그렇지 않은지를 판단하는 것이다.

두 번째는 가치적 주장이다. 바람직하다, 가치 있다 등의 윤리적 이슈에 관한 것으로 현재와 관련이 있다. 예를 들어 '개고기를 먹는 건 비인간적이다'라는 명제가 여기에 해당된다.

마지막은 정책적 주장이다. 해야 한다 등 당위론적 성격이 강하다. 예를 들어 '개고기 판매를 합법화해야 한다'라는 게 여기에 해당된다. 미래의 정책과 관련된 것이다.

토론을 할 때 어떤 주장인지 판단해 그에 맞게 준비하는 게 필요하다. 내 주장이 미래를 향해 있는지 과거를 향해 있는지, 또 상대는 어떤지 판단하는 게 주장의 정교함을 위해 매우 중요하다.

적을 만들지 않고 이기는 말하기 기술

어떤 주장을 하기 위해선 근거를 마련하는 것도 매우 중요한데 '논증체계'라고 한다. 가장 대표적인 논증체계로는 '삼단논법'이 있다. 아리스토텔레스가 이론적 기초를 이뤘으며 두 개의 전제와 한 개의 결론으로 형성된다.

예를 들면 '인간은 모두 죽는다(대전제)-소크라테스는 인간이다(소전제)-따라서 소크라테스는 죽는다(결론)'라는 식이다. 여기서 결론은 소크라테스(Socrates)와 죽음의 관계를 말하며 대전제는 인간과 죽음의 관계, 소전제는 소크라테스와 인간의 관계를 말한다.

더 나아간 게 '생략 삼단논법'으로 대전제를 생략한다. 대전제는 너무나 당연함으로 소전제로 바로 들어가 결론을 내린다. '소크라테스는 인간이다, 따라서 소크라테스는 죽는다'처럼 말이다. 인간은 당연히 죽는다는 전제를 생략했지만 상식이므로 넘어가는 것이다.

하지만 삼단논법은 논쟁의 다양성을 오롯이 담진 못한다. 논쟁과 갈등에는 다양한 변수가 있기 때문이다. 그래서 나온 게 영국의 철학자 '스티븐 툴민(Stephen Toulmin)의 논리체계'다.

툴민은 여섯 가지의 논리 모델, 논리체계를 내놓았다. 어떤 사실로 주장을 하기 위해선 지지하는 보장, 논거가 필요하다. '사실, 보장, 주장'의 세 가지가 핵심이다. 더 나아가면 논거를 뒷받침하는 논거 보강, 확률치와 유보 조건이 있다.

예를 들어 '해리는 버뮤다에서 태어났다'라는 사실로 해리가 영국 시민이라는 걸 주장하기 위해선 '버뮤다에서 태어난 사람은 영국 시

○ 스티븐 툴민의 논리체계

뒷받침(논거 보강), 확률치, 유보 조건

민이 된다'라는 보장, 논거가 필요하다. 논거 보강은 버뮤다에서 태어난 사람이 영국 시민이 된다는 관련 법률, 권위자의 증언 등을 내세우는 것이다. 확률치는 일반적으로 통상, 특정한 시기 등을 명시하는 것이며 유보 조건은 예외 조항을 말한다. '해리가 미국 시민이 아니라는 전제하에서'처럼 말이다.

핵심은 내가 어떤 사실로 주장을 할 때 지지하는 논거와 보장을 잘하는 것이다. 논쟁 중에 계속 근거를 대는 게 바로 그런 것이다. 통상 근거로 언론 보도, 권위자의 말, 관련자의 증언, 통계 자료, 연구 근거, 경험 등을 들 수 있다. 주장하기 전에 근거를 많이 준비하는 게 무엇보다 중요하다. 하여 내 주장을 공고히 하기 위해선 사전 준비가 필수적이다.

적을 만들지 않고 이기는 말하기 기술

결국 토론은 서로 간의 철저한 약속으로 이뤄지는 것이다. 이런 절차와 방법이 생긴 건 토론 중에 말싸움으로 번지는 걸 방지하기 위함이다.

오래 전부터 인류는 토론과 토의로 의견을 수렴해왔다. 그 과정에서 많은 갈등과 비생산적인 충돌이 있었을 것이고, 갈등과 충돌을 방지하기 위한 방법들을 강구했을 것이다. 그것이 바로 현재의 아카데미식 토론 방식이다. 아카데미식 토론의 주요 개념을 살펴보자.

논제: 논란 가운데 핵심적인 사안을 명료히 해주는 진술 문제, 긍정의 서술문.

증명의 부담: 긍정 측 입론자는 논제가 성립되기 위한 필요 조건을 증명해야 함. 문제를 제기하는 사람이 증거를 제시해야 함.

반증의 부담: 부정 측이 반박하지 않은 쟁점은 곧 동의한다는 의미.

교차 조사: 상대 토론자의 논리에 나타나는 문제점을 부각시키는 심문 과정이자 논리적 취약성을 탐색하는 감시 과정.

아카데미 토론의 대표적인 형식은 CEDA(Cross Examination Debate Association) 방식이다. 미국에서 시작된 전국토론대회 방식으로 교차 질문이 추가된 형식으로 진행된다. CEDA 토론은 입론, 교차 조사, 반박의 세 부분으로 구성되는데 각 토론자는 발언 순서에 상관없이 세 부분 모두를 한 번씩 경험한다.

한편 CEDA, 즉 미국교차조사토론협회는 1971년 대학 수준에서 정책 토론을 촉진하는 데 전념하는 조직으로 설립했다. 다양한 배경을 가진 학생들이 적극적으로 참여할 수 있는, 보다 포괄적이고 접근 가능한 형태의 토론에 대한 참여 증가로 시작되었다. 그 방식은 다음과 같다.

긍정 입론 – 부정 교차 조사 – 부정 입론 – 긍정 교차 조사 – 긍정 입론 2 – 부정 교차 조사 – 부정 입론 2 – 긍정 교차 조사 – 부정 반박 1 – 긍정 반박 1 – 부정 반박 2 – 긍정 반박 2

적을 만들지 않고 이기는 말하기 기술

제대로 된
공론장에 대하여

앞서 언급한 바 있는 영화 〈12명의 성난 사람들〉은 뉴욕시의 한 배심원실에서 시작된다.

18세 소년이 아버지를 살해한 혐의로 재판을 받고 있으며 배심원들은 소년의 유죄 또는 무죄 여부를 결정해야 한다. 재판 중 제시된 증거와 증언에 따르면, 소년은 범행 당시 현장에 있었고 그의 범죄에 대한 증언도 여러 가지 제시되었다.

초기 투표:

배심원들의 첫 번째 투표에서 열두 명 중 열한 명이 소년을 유죄로 판단한다. 단 한 명, 8번 배심원만이 유죄 판결을 내리는 데 의문을 제기한다. 그는 소년에게 합리적인 의심의 여지가 있다고 생각해 토론을 제안한다.

토론과 의심:

8번 배심원은 증거를 하나씩 다시 검토하며 다른 배심원들에게 합리적인 의심의 가능성을 제기한다. 그는 칼이 흔한 종류라는 걸 보여주고 증언의 모순된 점을 지적하며 다른 배심원들의 생각을 바꾸기 시작한다.

반전과 갈등:

배심원들 간의 갈등이 심화되고 각자의 편견과 개인적인 감정이 드러난다. 8번 배심원의 논리에 설득된 일부 배심원들이 무죄 쪽으로 의견을 바꾸기 시작한다.

결정적 증거의 재검토:

소년의 무죄를 주장하는 쪽에서 범행 당시의 상황을 재현한다. 증언의 신뢰성을 의심하며 범행을 목격했다고 주장한 이웃의 증언이 시간적, 물리적으로 불가능하다는 게 밝혀진다.

적을 만들지 않고 이기는 말하기 기술

최종 투표:

배심원들은 긴 논쟁 끝에 마지막 투표를 진행한다. 결국 모든 배심원이 무죄 판결에 동의하고 소년은 무죄로 판결된다.

영화는 편견, 정의, 합리적인 의심의 중요성, 그리고 집단 역학의 복잡성 등을 다루고 있다. 특히 배심원들이 각자의 선입견과 편견을 극복하고 공정한 판단을 내리고자 노력하는 모습으로 정의의 본질에 대한 깊은 통찰을 제공한다.

여기서 얻을 수 있는 교훈이 있다면 첫 번째로 당연함에 질문하는, 즉 집단 압박에 대항하는 용기다. 두 번째로 의견 차이를 존중하는 열린 마음이고 세 번째로 대화를 통한 이해와 수용이다. 마지막은 진실을 위한 끈기라고 할 수 있다.

우리 사회가 이런 토론의 시스템을 갖고 있는지 묻는다면 아니라고 답할 것이다. 제대로 된 공론장이 없다는 말이다. 정치적으로 파편화되고 논쟁이 더 가열되는 형국이다.

공론장은 사람들이 모여 의견을 개진하고 수렴하는 공간이다. 그런 역할을 미디어, 지역 사회, 국회 등에서 보여줘야 하는데 그렇지 못하고 있는 게 현실이다.

공론장 개념을 처음 제기한 위르겐 하버마스(Jürgen Habermas)는 "공론장은 모든 사람이 원칙적으로 동등한 기회를 갖고 각자의 개인적 성향, 희망, 신조, 즉 의견을 제시할 수 있는 민주주의의 원리로 개인적 의견들이 공중의 논의로 형성될 수 있는 한에서만 실현될 수 있다."라고 말했다.

공론장은 18세기 부르주아가 등장하면서 시작되었다고 본다. 카페와 커피하우스, 살롱 등이 생기며 사람들이 모이고 정치, 사회, 문화 등에 대해 다양한 의견을 교환한다. 자유로운 참여, 제약 없는 의사소통이 이뤄진 것이다. 아울러 그곳에선 합리적인 토론이 이뤄지며 사회와 공공의 이익을 추구하는 논의가 이뤄졌다.

하지만 매스 미디어가 등장하면서 공론장은 위기를 맞는다. 공론장의 기능이 서서히 약해지거나 상실되어 갔다. 사람들은 공론장에 직접 참여하는 기회를 상실하고 매스 미디어가 전하는 의사(疑似) 공론장의 구경꾼으로 전락하고 말았다.

미디어의 상업화는 이런 경향성을 강화하고 대중은 수동적인 미디어 소비자로 전락한다. 미디어가 제공하는 공론장은 무대 공론장이자 이벤트장이 되었다. 예전에는 사람들이 직접 의견을 개진하고 논의했지만 이제 대중은 공론장에서 소외되고 정치에서도 소외된다.

한편 미디어의 상업화가 가속화되면서 토론 프로그램도 오락화되었다. 패널들은 상호 설득이나 합의에는 관심이 없고 대중에게 자신의 진영 논리를 설파하는 데 급급하다. 그리고 상대를 적으로 규정해 버린다. 매스 미디어 입장에서도 양 진영의 극단적 대립은 시청률에 도움이 되기 때문에 더 부추긴다. 특히 종편(종합편성채널)이 들어오면서 정치 토론 프로그램의 예능화는 더 가속화되었다.

적을 만들지 않고 이기는 말하기 기술

지상파 진행자와 종편 진행자의 진행 차이를 분석한 논문을 보면 여러 차이점을 가진다. 지상파는 어조의 변화가 심하지 않고 추임새가 적다. 진행자와 패널의 구분이 명확해 진행자는 질문자로서의 역할에 충실한다. 반면 종편 진행자는 어조의 변화가 심하고 과장되어 있다. 추임새가 많으며 적극적인 행위자로 자신의 의견을 개진한다. 패널과 사담도 나누며 극적 갈등을 부추기기까지 한다.

미디어의 상업화는 공공성 측면에서 후퇴하는 결과를 낳았고 시사 토론 프로그램은 연성화, 오락화되어 간다. 특정 정치 패널을 집중 섭외하면서 갈등을 더 증폭시킨다. 토론 프로그램의 극단적 대립은 정치적 대립으로 악순환되며 시청자는 공론장으로서 다양한 의견을 듣는 게 아니라 자신의 신념만 강화한다.

공론장의 기능을 상실한 것이다. 차분히 양측의 의견을 듣는 게 아니라 극적 대립이 있는 토론 프로그램을 보며 진영의 신념을 강화하고 상대에 대한 분노를 키우는 것이다.

SNS 상에는 '필터 버블(Filter Bubble)'이 생기고 있다. 필터 버블이란 이용자에게 맞춤형 정보를 제공해 이용자가 필터링된 정보만 접하는 현상이다. 즉 다양한 의견을 듣지 못하고 성향에 맞는 정보만 접하는 것이다. 맞춤형 정보 제공이라는 이름하에 확증 편향만 강화되는 모습이다.

다음은 정치시민 단체 대표 엘리 프레이저(Eli Pariser)가 테드 강연에서 필터 버블에 대한 문제점을 밝힌 대목이다.

"저는 진보적 정치 성향을 갖고 있습니다. 놀랄 만한 일인가요. 하지만 저는 늘 보수적 성향의 사람들을 만나려고 노력했습니다. 저는 그들의 생각을 경청하기 좋아하고 그들과 연관된 사항을 확인하기 좋아합니다. 저는 이것저것 배우는 걸 좋아합니다. 그래서 어느 날 보수주의자들이 제 페이스북 피드에서 사라졌다는 사실을 알았을 때 깜짝 놀랐습니다. 페이스북이 제가 어떤 링크를 클릭하는지 살펴보고 있었고, 제가 보수적 성향의 친구들보다 진보적 성향을 가진 친구들의 링크를 더 많이 클릭했다는 사실을 나타내는 것이었죠. 페이스북은 제 의견도 묻지 않고 편집해버렸습니다. 그들은 사라졌죠."

이런 상황들은 건강한 토론을 할 수 없는 환경을 구축하고 있다. 방송이나 유튜브의 토론 시사 프로그램을 보면 말꼬리 잡기, 발언 끼어들기, 상대 발언 무시하기, 자기 말만 하기, 확대 해석하기, 우기기, 상대 자극하기 등 쇼펜하우어가 알려준 서른여덟 가지 토론의 법칙을 모두 사용하고 있다고 생각한다. 쇼펜하우어가 작금의 토론 프로그램을 본다면 이런 말을 하지 않을까? "내가 제시한 서른여덟 가지 토론의 법칙이 제대로 쓰이고 있군."이라고 말이다.

적을 만들지 않고 이기는 말하기 기술

갈등의 논쟁을 넘어
건강한 소통으로

에포케[Epoche]

고대 그리스의 회의론자(懷疑論者)들이 쓰던 용어. 본래 '멈춤' 또는 '뭔가를 하지 않고 그대로 둠'을 의미하는 말이었으나, 피론(Pyrrho)을 중심으로 한 회의론자들이 '판단 중지'라는 뜻으로 썼다. 그들의 주장에 따르면 판단하는 사람이나 그 대상의 입장과 상태·조건 등이 다양하기 때문에 무엇이든 일률적으로 좋다, 나쁘다, 있다, 없다를 판단할 수 없다. 그러므로 매사에 '판단을 보류하는(에포케하는)' 수밖에 없고 또한 '마땅히 그래야 한다'라고 한다.

보통의 이상적인 생각은 타인과의 건설적인 토론으로 다양한 의견을 듣고 좋은 관계를 유지하는 것이다. 하지만 실상은 그렇지 않다. 쇼펜하우어의 철학이 매력적인 건 다른 철학자들이 거대 담론, 즉 세계는 무엇이고 어떻게 인식하며 변하지 않는 실체에 대한 연구들로 시스템을 구축하고자 했다면 그는 인간의 고뇌 자체에 관심을 갖고 철학을 펼친 것일 테다.

그에 따르면 제대로 정신을 차리지 않으면 토론이 논쟁으로, 논쟁이 말싸움으로, 말싸움이 관계 단절로 이어진다. 나와 생각 또는 가치관이 다르면, 특히 한국 사회에선 정치적 견해, 종교적 신념이 다르면 좋은 관계였다가도 논쟁이 심해져 관계를 해치는 경우가 많다. 오죽하면 모임에서 종교, 정치 이야기를 하지 말라고 하지 않나?

하지만 부르주아 초기 공론장을 보면 앞서 말한 것처럼 정치, 문화, 사회 문제 등에 대한 격의 없는 대화로 공공의 이익을 추구하는 모습이 있었다. 지금 우리도 가능하다. 쇼펜하우어가 말한 것처럼 우리의 지적 허영심과 언제든 말싸움을 벌일 수 있다는 전제를 인식해야 한다. 결국 에포케해야 한다.

누구도 타인을 완벽히 알 수 없다. 그런데 우리는 소위 평판으로 상대를 판단한다. 직접 경험하지 않았음에도 소문만 듣고 상대를 판단하는 순간 소통의 공간은 좁아진다. 그러니 판단을 보류하자. 누군가를 만나 직접 경험하고 느끼기 전에는 사람을 판단하지 말자. 아예 판단하지 말라는 건 아니다. 적어도 소문과 평판만으로 판단하지 말

적을 만들지 않고 이기는 말하기 기술

고 직접 경험하고 숙고한 후에 판단해도 늦지 않다는 것이다.

토론도 마찬가지다. 나와 상대의 주장이 충돌하고 당장 협상의 여지가 없을 땐 에포케하자. 그 자리에서 나의 논리로 상대를 이긴다고 진정으로 이긴 게 아니다. 상대의 마음을 얻지 못하면 아무 소용이 없다는 걸 알고 있지 않는가? 상대가 나와 같은 태도, 즉 열린 마음을 갖고 있다면 개선의 여지가 있지만 상대가 논쟁에서 이기기만 바란다면 서로 고집을 부리는 순간 관계는 어긋나기 마련이다.

갈등의 대화가 시작되려고 할 땐 에포케하자. 시간을 갖고 나와 상대의 의견을 다시 검토할 여유를 갖자. 상대가 나와 상반된 의견과 신념을 갖고 있을 땐 한두 번 정도 이성적 논의를 한 후 그래도 타협의 여지가 없다면 물러나는 게 좋을 수 있다. 관계까지 망치면서 내 주장을 관철시키는 게 의미가 있을까? 판단은 각자의 몫이다.

중요한 건 내 스스로도 객관적으로 성찰하는 것이다. 내 주장이 보편타당한지, 내 선입관이 개입되어 있는 건 아닌지, 나와 상대의 근거를 비교해 어느 것이 더 타당한지 살피는 것도 필요하다. 논리적인 재정비를 마친 후 다시 토론을 하다 보면 분명 더 좋은 결과가 도출될 것이다. 그것이 바로 이성적·논리적 기술이 가미된 토론이다.

내 의견을 방어하지만 나의 논리적 문제점을 성찰하고 상대와 허심탄회하게 토론하면 상대도 마음을 열 것이다. 그러나 나의 진심을 상대가 무시한다면 쇼펜하우어의 조언처럼 자리를 피하라. 논쟁보다 침묵이 나으며 평화가 최고의 선이다.

○ 대화의 충돌·갈등 대화

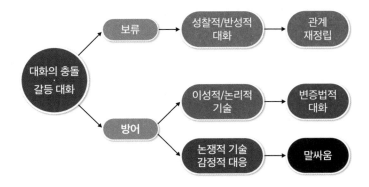

나와 상대의 주장이 열린 마음으로 또 이성적·논리적으로 진행된다면 정반합(正反合) 대화가 될 것이다. 나와 상대 의견의 공통점이 합치되어 발전하는 것이다.

반대로 서로가 쇼펜하우어의 말처럼 논쟁적 기술과 감정적 대응으로 일관한다면 말싸움으로 번질 가능성이 농후하다. 그럴 때는 쇼펜하우어의 서른여덟 가지 토론의 법칙이 난무할 것이다.

사회 전체를 봤을 때 한쪽으로만 치우치지 않기 위해선 비판적으로 또 열린 시각으로 볼 필요가 있다. 내가 너무 편협하진 않은지, 상대의 의견을 진지하게 검토했는지도 살펴야 할 것이다.

아젠다 세팅(Agenda Setting), 즉 의제 설정은 미디어가 생각할 의제를 던지는 걸 의미하는데 정작 우리에게 필요한 건 '아젠다 싱킹(Agenda Thinking)'이 아닐까? 그 의제가 맞는지 타당한지 생각하는

적을 만들지 않고 이기는 말하기 기술

것이다. 그러니 무조건 수용하지 않고 양쪽의 의견을 살피면서 의제를 생각하는 자세가 필요하다.

인간은 감정적이고 다혈질적이지만 이성적이기도 하다. 그 핵심은 나를 돌아보는 성찰이다. 상황을 객관적으로 보고 나를 다스리는 게 중요할 것이다.

논쟁의 자리를 소통의 상황으로 만들기 원한다면 에포케하라. 에포케하는 건 소극적이고 방어적인 게 아니라 상황을 더 발전시키기 위한 성찰의 시간이다.

토론은 인간만 할 수 있는 고귀한 것

토론은 인공지능 분야에선 아직 낯선 영역이다. 서로 모순된 내용이 동시에 정답이 될 수 있고 최적화가 어려운 분야이기 때문이다. 반면 바둑, 퀴즈, 체스 등 최적화가 가능하고 정답을 찾을 수 있는 분야에선 인공지능이 초지능 단계에 이르렀다. 기계 번역, 챗봇, 의사결정 지원 시스템 등 많은 분야에서 인공지능은 널리 활용되고 있다.

한편 인공지능 토론 시스템은 IBM에서 최초로 개발을 시작했는데 2019년 초지능에 이르렀는지 시험받을 수준으로 성능이 향상되었다. 'IBM 프로젝트 디베이터(Project Debater)'는 세계 최초의 인공지능 토론자로 복잡한 현실에서 다량의 데이터를 찬반 입장으로 간략하게 요약해 인간에게 제시하게끔 개발되었다. 인간의 의사결정을 지원하는 도구로 활용되게끔 하는 게 개발 목적이다.

IBM 프로젝트 디베이터는 2016년부터 토론 경기를 통해 토론 능력이 어느 수준에 이르렀는지 지속적으로 검증받았다. 대중에게 토론 경기의 전 과정이 공개된 건 2019년 2월과 11월에 이뤄진 토론 경기다. 해당 경기는 세계 최고 수준의 인간 토론자가 참여해 본격적으로 초지능 여부를 시험받았다는 의의가 있다.

첫 번째 토론은 주장에 대한 입론을 하는 것이었다. 즉 자신의 주장을 얼마나 짜임새 있게 운영하는지다. 엄밀한 의미의 토론이라기보다 설득 스피치에 가까웠다.

두 번째 토론이야말로 진짜 대결이었는데 유치원 보조금 이슈를 다뤘다. 토론 전문가인 인간과 인공지능이 '입론 – 반박 – 결론'의 순서로 각각 진행했다.

인공지능은 TTS(Text to Speech), 즉 텍스트를 음성으로 변환하는 기술을 이용했다. 덕분에 청중은 인공지능의 음성을 들을 수 있었다. 청중이 평가한 토론의 승자는 인간이었다.

인공지능이 아무리 발전했더라도 인간의 이해와 추론 능력에 다다르지는 못했다. 청중의 감성에 호소하는 설득과 공감 능력도 인간이 더 탁월했다. 인공지능이 막강한 정보력과 근거를 가져왔지만 근거 사이의 연결 고리, 추론과 직관적 주장 그리고 설득력은 인간을 따라올 수 없었다. 물론 인공지능이 더욱 발달해 훗날 가능할진 모르겠으나 아직은 어렵다.

다양한 근거 사이의 추론과 직관적 판단력, 공감력은 인간만의 것이다. 인간이 질문의 능력을 갖고 있기 때문이라고 생각한다. 지금의 인공지능은 질문하지 못한다. 질문에 대답할 수 있을 뿐이다. 질문을 한다는 건 호기심을 가진다는 뜻이며 정체성과 함께 이해와 추론이 가능하다는 걸 의미한다.

인간은 호기심을 지니고 있다. 나의 주장뿐 아니라 상대의 주장, 근거, 니즈에 관심을 갖고 있다. 관심은 곧 질문과 관찰로 이어지며 그렇게 성장한다.

토론은 인간만 할 수 있는 고귀한 것이다. 그런데 아이러니하게도 토론을 말싸움으로 변질시키는 것도 인간이다. 하여 인간이 성찰하고 에포케할 때 진정한 토론을 할 수 있다고 믿는다. 쇼펜하우어는 인간의 사악함을 강조했지만 사악한 인간이 성찰했을 때 진정한 토론이 가능하리라 본다.

토론에서 감정에 휩싸이는 동물이 될 것인지, 자기 주장만 논리적으로 펴는 인공지능이 될 것인지, 아니면 직관과 이해, 추론이 가능한 인간이 될 것인지는 당신의 선택에 달렸다.

적을 만들지 않고 이기는 말하기 기술

적을 만들지 않고 이기는
말하기 기술

초판 1쇄 발행 2024년 8월 27일
초판 2쇄 발행 2024년 9월 3일

지은이 | 김은성
펴낸곳 | 원앤원북스
펴낸이 | 오운영
경영총괄 | 박종명
편집 | 김형욱 최윤정 이광민
디자인 | 윤지예 이영재
마케팅 | 문준영 이지은 박미애
디지털콘텐츠 | 안태정
등록번호 | 제2018-000146호(2018년 1월 23일)
주소 | 04091 서울시 마포구 토정로 222 한국출판콘텐츠센터 319호(신수동)
전화 | (02)719-7735   팩스 | (02)719-7736
이메일 | onobooks2018@naver.com   블로그 | blog.naver.com/onobooks2018

값 | 18,500원
ISBN 979-11-7043-561-7 03190